シリーズ〈人間と建築〉 2

環境と行動

高橋鷹志
長澤　泰
鈴木　毅　編

朝倉書店

編集者

高橋鷹志（たかはしたかし）	東京大学名誉教授
長澤 泰（ながさわ やすし）	工学院大学建築学科・教授，東京大学名誉教授
西出和彦（にしで かずひこ）	東京大学大学院工学系研究科建築学専攻・教授（1巻担当）
鈴木 毅（すずき たけし）	大阪大学大学院工学研究科地球総合工学専攻・准教授（2巻担当）
西村伸也（にしむら しんや）	新潟大学工学部建設学科建築学コース・教授（3巻担当）

2巻執筆者（執筆順）

鈴木 毅（すずき たけし）	大阪大学大学院工学研究科地球総合工学専攻・准教授
王 青（わん ちん）	元東京大学高橋鷹志研究室
古賀紀江（こが としえ）	前橋工科大学工学部建築学科・准教授
大月敏雄（おおつき としお）	東京理科大学工学部建築学科・准教授
柳澤 要（やなぎさわ かなめ）	千葉大学大学院工学研究科建築・都市科学専攻・准教授
山下哲郎（やました てつろう）	名古屋大学大学院工学研究科施設計画推進室・准教授
狩野 徹（かのう とおる）	岩手県立大学社会福祉学部福祉臨床学科・教授
橘 弘志（たちばな ひろし）	実践女子大学生活科学部生活環境学科・准教授
渡辺 治（わたなべ おさむ）	(株)渡辺治建築都市設計事務所・代表
市岡綾子（いちおか あやこ）	日本大学工学部建築学科・講師

序にかえて

環境ということばと概念

　建築の分野で環境ということばが一般化したのはごく最近のことである．建築設計計画の中の計画原論として建築内外の熱・空気・音あるいは給排水・暖冷房空調・照明電気などの建築設備の研究分野が，建築学会において昭和39（1964）年に環境工学と改称されたことを起点としている．

　元来，環境は生物・生理・心理・社会学あるいは物理化学系のことばとして誕生したのであり，人間をはじめとする生物一般に対して外部からはたらきかける事象の総体を意味するものであった．英語のenvironmentは，古フランス語のenvironnerつまり「円の中に入れる」という意味を起源とするという．

　以上のように建築では人びとを取り囲んでいる物理的状況を意味することが多いが，人間相互も環境であるところから，現在では一般的に物理的環境，対人的環境，社会文化的環境の三つに分類されている．物理的環境には自然をはじめ，建築やその他の構築物などの人工物が含まれる．対人的環境は家族を起点とする近隣・地域・国家などの人間環境を意味し，更にはある地域・時代における社会的規範や文化的風土などを含む概念として社会文化的環境が存在している．

　ここでは物理的環境としての住居をはじめ学校・病院などの各種の建築型について，物理的環境に特徴を持つ事例に対する実態調査に基づいた研究を基に本巻は構成されている．環境の三類型に示したとおり，各建築や街から人びとが受ける影響は，物理的環境だけでなく，そこに存在している他の人びととの対人的環境の力も大きく，同一の場所が変質してしまうことも多い．

　最後の社会文化的環境に関しては，地球上の文化的差異は当然のことながら，ある国のある地域における環境や行動に関与する主要な軸として公と私という二極がある．物理的環境に関しては，公道・私道，公園・家の庭，公共施

設・個人住宅，行動についても公務・私的活動，勤務（受講）・睡眠（整容）などの公私の行動区分がある．事態を難しくしているのは，それらが入れ子状況で存在していることなのである．例えば休息・排泄行為は自宅の個室・便所，街中の公園・公衆便所などで行われるし，食事にしても家のダイニングキッチン，街中のレストラン，冠婚葬祭の場でと所を変えると食べ方も種々に変容していく．

　かつての建築計画あるいは建築人間工学の研究，建物や家具の使われ方の研究においては，個人・集団としての人間の生理的・機能的分析に基づいて物理的環境（空間）を決定する理論を組み立てることに専念していた．こうした人間の機能的側面，利便性・実用性は，いつの時にあってもわれわれを取り巻く物理的環境の機能として欠くことのできない条件であることは言うまでもない．しかし，それだけでは生活の質を向上させるには不十分であるとの認識が顕在化してきた．そうした動向は大学における建築計画系のカリキュラムにも影響を与え，講義名称や研究内容にも変化が現れており，ここに収められた諸論考もその先駆けとなることを期して構成されている．

行動ということばと概念

　前項で既に行動（その事例も含めて）ということばを用いたが，改めてこのことばの意味を考察してみたい．建築計画ではこれまで人間の振舞いについて，姿勢・動作・行為・生活などが頻繁に使われてきたが，行動はほとんど目にすることはなかった．生理学・心理学あるいは動植物学の分野で用いられてきた用語であり，人間を含む生物が環境が発する刺激に対して反応する諸活動（生理・心理的な／意識的・無意識的な）を意味するものであった．一方，一般的用語としてはある組織の「行動指針」などにみられる将来へ向けての活動方針を表わすものとして使われてきた．

　心理学において行動の概念に新しい息吹を与えたのは R. バーカーによる生態学的心理学の提唱であった．生活体（生物や人間）の環境に対する生理的反応だけでなく，日常の生活にみられる生態を分析した結果，行動場面（behavior settings）という概念が誕生したのである．日常生活において人びとの行動と場所との間に安定した関係があることを見い出したのである．それを説

明する三つの要素，定型的行動，物理的環境要素，上記二者の安定した一定時間継続する関係がある．ある公園のベンチで，毎日一定時間，そこに座って休憩するお年寄の姿を想像すれば，その行動場面に成立している三要素の存在は自ずと明らかであろう．

　かかる生態学的心理学で誕生した行動場面の考え方は，建築計画に影響を与え，建築の使われ方を分析する概念としてきわめて有効であった．以来，行動ということばが，建築研究者の間で頻繁に使われるようになったのである．もう一つ例を挙げるとすれば，小学校教室の学習場面である．1クラス45人の普通教室では黒板に向かった一斉配列の学習が典型的行動場面であった．しかしクラスの児童数が減ったり，教室の壁を取り去ったオープンプランタイプの学校での授業・学習が行われるようになると，その環境の評価には行動場面という分析ユニットが不可欠のものとなったのである．

　これまで建築の物理的環境とそこでの人間行動との恒常的な対応関係が成立していたが，建築種別や部屋機能が多様に変容してきた現在にあっては，かつての空間と行動との安定した適応関係を分析する建築計画の方法論は意味を失ったのである．建築・都市における環境と行動との関係を行動場面を手掛りとした研究が広がったのである．これがここに収められている諸研究の動機付けになったと考えられる．

環境・行動研究 (Environment-Behavior Research：EBR)

　生態学的心理学の誕生は既に述べたとおり，建築計画研究に影響を与えた．一方で心理学自体にも，更には学際的な変動を引き起こしたのである．生態学的心理学を中心とする研究者と建築・都市デザイン研究者との学際的研究組織が形成され始めたのである．アメリカでのEDRA (Environment Design Research Association—1969)，ヨーロッパでのIAPS (International Association for the Study of People and their Physical Surroundings—1970)，日本での人間・環境学会MERA (Man-Environment Research Association—1982)，中国での環境-行動学会EBRA (Environment-Behavior Research Association—1993) などの設立など世界的な運動として広かったのである．

　MERAの学会誌—*MERA Journal*は1992年11月に第1号が発刊され，

2007年5月に第20号がまとめられ，学会は創立以来25年目を迎えているが，2004年5月には当時の会長舟橋國男氏の主導の下に MERA Journal 特別号として20年史が編纂されたのである．

　MERA は発足当初，建築・都市など工学系と心理・社会など人文系の研究者がほぼ半分ずつで構成されていたのだが四半世紀経過した現在，心理系の会員が少ない（特に若手の）ことが気になるところである．この際あらためて，学際的組織の意味を再考し，会員の専門領域の幅を広げるべきだと思う．本書は人文系の方々の目に触れる機会は少ないであろうが，読者諸氏からの御意見をお聞きしたいところである．

　さて，前書『1. 環境と空間』冒頭でも触れたように環境・行動研究の中核の理論である相互浸透論（transactionalism）に関してその後どのような進展がみられたのであろうか．本書のキーワードの一つである居方とその関連研究が示すように，環境と行動との間のある瞬時な関係を採集するのではなく，ある場所の行動場面の長期的・継時的な観察・記録研究が盛んとなってきたが，そこで明らかにされることが環境・行動の相互浸透的状況ではないかと考えられる．地球環境問題から生じた環境の持続性つまり環境と時間との共生が建築分野でも具体的に問題視され，構築物の改修・再生・持続などの必要性が認識され，その具体的事例・活動も盛んとなってきた．そうした時間の中の建築においては，環境と行動（人間）とは相互浸透的な関係を結ばざるを得ないのである．

　こうした状況からすると私が以前から主張しているように，建築の完成（竣工）時が環境・行動系の誕生であり，その後，その関係を人間の心身と同様に健康維持していくことが，新しい建築のデザインと同等に重要な課題となるのである．在来の建築・都市に関連した職能の中に新しく，時間の中の建築の健康—適正な環境・行動関係—を持続させていくための「環境・行動診療所」あるいは「環境・行動診断士」なる新しい職業を必要とすると考えるのだが，読者の方々は如何なものと判断されるのであろうか．その意味からも MERA は保健・医療分野との連携も進めるべきであろう．本編者の一人である長澤泰氏も「病院」は「健院」でもあると主張されている．

　今日では一般化した居住後評価（POE）も同じ役割を持っており，1975年

にそれを提案し，自ら Building Diagnostics Inc.（建築診断所）を設立した J. Zeisel の仕事が注目されよう．

環境における心理的障害

　これまで述べてきたように，建築計画から変身してきた環境・行動研究は生活の質の向上に諸側面から貢献してきた．物理的環境に関しては，バリアフリー，ユニバーサルデザインなどあらゆる人々が適切に使いこなすことのできる人工物・構築物・都市の物理的環境の改善は急速に具体化したのである．しかし，環境・行動研究に携る一人として最近強く感じていることは，行動場面で遭遇する対人的環境あるいは社会文化的環境における種々の障害についてである．具体的には，老若男女を問わずに観察される見苦しい歩き方や，車両内で注意のアナウンス（これも心理的障害だが）にもかかわらず，足を投げ出したり，組んだり，あるいは入念な化粧に集中している若者，ダイニングキッチンの私的場面がそのまま車内に移動したかのような家族連れの姿が目に入ってくる．こうした心理的障害を感じるのは私だけであろうか．

　しかも，こうした振舞い方は無意識下で相互に模倣され，人々の間に伝染・流行していくのである．かかる行動場面で生じる伝染に関する研究—発生メカニズムや防止薬の開発—つまり心理的障害除去が，今後の環境・行動研究の課題の一つにあげられるであろう．

［おわりに］

　シリーズ〈人間と建築〉の『1. 環境と空間』が世に出て早 10 年が過ぎ去った．幸いなことにその巻を通して多くの読者に出会ったことは，編著者共々喜びとするところである．その後諸般の事情で発刊が遅れたことをお詫びしたい．前巻も含めて皆様方からの御批評・御批判を賜れば幸いである．

2008 年 2 月

高橋 鷹志

目 次

1. 行動から環境を捉える視点　　　　　　　　　　　　　　［鈴木　毅］
　1.1　行動に注目することは人間的な環境に通ずるか……………………2
　1.2　行動を捉える新たな視点―きっかけ・ターニングポイント………4
　　a．特定地域の包括的研究　4
　　b．場面と居方に関する研究　7
　　c．関連領域の新しい研究・理論　11
　1.3　浮かび上がった問題点 ………………………………………………14
　　a．リアルな場面を捉える方法論の不在　14
　　b．他者の居合わせる場を扱う方法論の不在　14
　　c．行動と環境の対応関係に関するモデルの問題　15
　　d．計画・デザインにおける呪縛―制御決定論　15
　1.4　方向性と課題―体験される場所の質の豊かさに向けて …………16

2. 行動から読む住居
　2.1　住居における行動と空間の対応―中国都市集合住宅の事例
　　　　　………………………………………………………［王　青］20
　　a．1990年代の中国都市集合住宅　20
　　b．中国現代都市集合住宅の住戸平面と呼び名　23
　　c．行動場面からみた住戸の使われ方　24
　　d．接客場面からみた住居　28
　　e．まとめ　28
　2.2　「もの」が映し出す住まい………………………［古賀紀江］32
　　a．住まいという場所　32
　　b．「もの」と生活　34

c．「もの」が映し出す老人ホームという住まい　*36*
　　　d．「もの」が映し出したそれぞれの住まい　*41*
　　　e．認知症と「もの」の所有　*43*
　　　f．もう1つのデザイン概念―環境行動支援　*45*
　2.3　時を経て成長する環境―マニラ郊外におけるコアハウジングの試み
　　　　　……………………………………………………………［大月敏雄］*48*
　　　a．サイトアンドサービスとコアハウジング　*48*
　　　b．フリーダムトゥビルド　*50*
　　　c．デラコスタ・プロジェクト　*51*
　　　d．個々に成長していく住居　*57*
　　　e．住宅供給主体の役割と可能性　*61*

3．行動から読む施設
　3.1　子ども達の行動と生活から見た学校環境のあり方 ……［柳澤　要］*64*
　　　a．生活の場として見た学校環境と子どもの行動　*64*
　　　b．様々なオープンプランスクールと行動領域の広がり　*65*
　　　c．外部に広がっていく行動領域　*69*
　　　d．学習時や休み時間に見る子ども達の行動と場所　*71*
　　　e．行動と空間・場の相互の関係性　*72*
　　　f．子どものデザインに見る空間・場への意識　*75*
　　　g．空間の性質と交流意識　*77*
　3.2　患者が認知・体験する医療施設環境 ………………［山下哲郎］*80*
　　　a．はじめに　*80*
　　　b．入院生活の認知と行動様態　*82*
　　　c．病室空間の認知の構図　*90*

4．行動から読む地域
　4.1　高齢者の地域環境 …………………………………………［狩野　徹］*98*
　　　a．高齢者の外出とその広がり　*98*
　　　b．外出の目的の変化と複合化　*99*

  c．地域における歩行行動の特徴　*102*

  d．高齢者の行動の広がり　*105*

  e．まとめ　*110*

4.2　市街地と団地に展開される行動環境の比較 ―高齢物の生活から地域環境を捉える……………………………………………………［橘　弘志］114

  a．調査について　*115*

  b．地域の選択性　*115*

  c．場の許容性　*119*

  d．人と環境との関わり方　*126*

4.3　都市商業スペース―路上は演技者と観客であれている …［渡辺　治］130

  a．路上の人間観察　*130*

  b．商業空間の特性と発生学　*142*

4.4　子どもの遊び行動環境と住環境……………………………［市岡綾子］147

  a．根津　*147*

  b．光が丘パークタウン　*149*

  c．遊び場を構成する要素　*151*

  d．遊び環境の空間構造　*157*

索　引 ……………………………………………………………………………159

1

行動から環境を捉える視点

1.1 行動に注目することは人間的な環境に通ずるか

「立派な暮しの価値をおしはかるいくつかの試金石—学校，公園，小ぎれいな住宅，あるいはそういったもの—が，すぐれた近隣住区をつくるのだと考えられる風潮がある．もしこれが本当なら，人間の生活なんて何と簡単なものだろう！」

(J. ジェイコブス)[1]

　本巻では，建築・都市環境の様々な場面における人の行動の諸相を取り扱う．本節ではそれに先立ち，この分野において「行動」をどのような枠組で捉えるべきかについて，既往の方法論における問題点を踏まえ，新たな方向性について論じたい．

　住まい方研究，あるいは施設の使われ方研究など建築計画の分野において，居住者や利用者の生活行為や利用実態など，人間の行動に注目して住居や建物の分析を行うのはきわめてスタンダードな手法である．すなわち住まいや施設，あるいは都市空間と，そこで営まれる様々な生活行為との対応関係の状況・その妥当性について検討して計画的な提案をする方法論として確立している．

　また建築計画の一分野として発展してきたいわゆる建築人間工学（避難行動など）あるいは建築環境心理など，より直接的に人間行動や心理に焦点を当てた研究も一般的な方法として認知されつつあり，多くの調査研究がなされている．機能的ではあるが往々にして非人間的に感じられる場合が少なくない現代建築をよりヒューマンなものにするために，人間に関するファクターの重要な要素として行動についてもっと調べ，配慮することが期待されてきたのである．

　このように「行動」は建築分野において，かなり蓄積のある研究領域であるが，現在，これを取り扱う視点・方法論に関して大きな曲がり角を迎えているように思われる．

　そのわかりやすい証拠はこうした精緻な人間行動の分析研究のもとに生まれ

たはずの空間や建物や街が必ずしも人間的でないことである．たとえば，人の心理を考慮し，快適性を追求したことが売りものの建物が，どこかよそよそしくとっつきにくく居づらく感じることがしばしばある．

こうした事態が生まれる最大の原因は人間と行動の捉え方である．つまりヒューマンファクターを扱ったからといって人間的な環境が生まれることが保証されるわけではない．生活や行動や種々のヒューマンファクターをどのようなモデルで捉えるかが問題なのである．

実際，心理や行動を扱ったとされる研究の中には，「人間というのはその程度のものなのか」と思ってしまうものが少なくない．ラング[2]は行動科学が限られたモデルで人間を捉えてきたことを批判するが，後に述べるように，往々にして建築分野において行動を捉える際のモデルは，刺激-反応という図式であり，人間は物理的な刺激に対し機械的に反応するものとして捉えられることが多い．

もちろん，建築や環境を計画するある局面では，人間をある定型的な行動特性をもったシステム・機械として捉えることが必要かつ有益であることはいうまでもない．しかし，日常の人間は明らかにそういった存在ではない．ここでは，人間的な建築を目指しているはずの分野の研究者が，居住者よりも建築の他分野の人間（たとえば設計者）よりも，人間を一番「機械的」な存在とみなしているというパラドックスが起こっているのである．

もっともこれは後で詳細に述べるが，建築設計という応用領域をもつ分野として，物理的な環境のデザインによって生活や行動をよりよい方向に変えていこうとする目的が根底にある以上，環境決定論，建築決定論的な思考からどうしても自由になれないことが背景にあり無理もない部分もあると思われる．

しかし明らかに，人間の行動特性を詳細に分析・解明しているにもかかわらず，ヒューマンな生活環境の構築につながらない場面が往々にしてありうる．この本末転倒はこの分野にとってきわめて大きな問題である．

以下に我々がこういった状況と問題を認識し，新たな方法論を模索するきっかけとなった3つの研究（a. 特定地域の包括的研究，b. 場面と居方に関する研究，c. 関連領域の新しい研究・理論）を通じてその説明をしたい．

1.2 行動を捉える新たな視点―きっかけ・ターニングポイント

a. 特定地域の包括的研究

1990年前後から東京大学工学部建築学科高橋鷹志研究室では「特定地域の包括的研究」という総合テーマのもとに調査研究がスタートした．これは従来の建築計画・環境心理学の調査研究が，集合住宅研究はA市の団地，地域施設についてはB区，都市の認知研究についてはC市の街路空間というように，各々個別のテーマに最適な施設や地域を調査・実験対象としてきたため，ある町・ある地域の環境を総合的に捉える視点が不十分だったのではないかという高橋鷹志教授の問題意識のもとに，特定の一地域を対象として，研究室のメンバーが様々な切り口から調査・研究を行い，それらの結果を重ね合わせることによって全体的な地域環境の構造を浮かび上がらせることを意図したものであった[3]．

具体的には東京都文京区が対象地域として選ばれ，住居，施設，街路等の空間を対象とした研究，子ども，高齢者など特定の属性の居住者の生活に焦点を当てた研究，環境心理的な地域空間の認知構造の研究，またまちづくりや地域計画論の調査研究が行われた．

これらの研究群―とくに子どもと高齢者個人個人の行動生活に焦点を当てて文京区の市街地と他区の計画された集合住宅地とを比較した調査―から地域環境に関して以下のようなことが明らかになった．

① 居住者は地域に存在する様々なエレメント（施設，商店，街路等）に多様な意味づけを与えて使いこなし，各々自分なりに地域環境を組み立てている．
② 同じ用途とみなされる施設であっても，居住者からみた「使いで」の点ではまったく異なるものとして捉えられている場合がある（例．銭湯と高齢者施設の入浴サービス）．
③ 施設や商店，場所の選択や利用においては，単なる機能だけでなく，その場における広い意味での社会的関係がキーになっていることが多い．
④ 既成市街地（根津）と比較すると，計画された集合住宅地はいわゆる公共施設的には充実しているものの，生活を組み立てるための資源という点では

必ずしも豊かではない（詳細は 4.2, 4.4 節を参照のこと）．

以上は，生活者にとっての実際的な地域環境の質に深く関わり，地域を計画する上できわめて重要な問題であり，J. ジェイコブスがすでに 1960 年代に指摘した計画的な街への批判と重なるものであるが，従来のいわゆる地域施設利用調査，あるいは狭義の環境心理学では必ずしも取り上げられてこなかった（とりあげにくかった）ものである．ここでの，個人が地域につくりあげている生活環境とそれを支えるものという視点が大きな転換点であった（**図 1.1〜1.3**）．

図 1.1　根津の風景　小売り商店は物を買うだけの施設ではなく，ちょっとした会話や情報交換をする社会的な場でもある．居住者はこうした店や細い街路を使いこなし自分なりの生活を組み立てている．

図 1.2　根津神社　ニュータウンや団地など計画された町に神社はない．根津は，神主，地主，家主，店主など多くの「主」がいる町でもある．

1　行動から環境を捉える視点

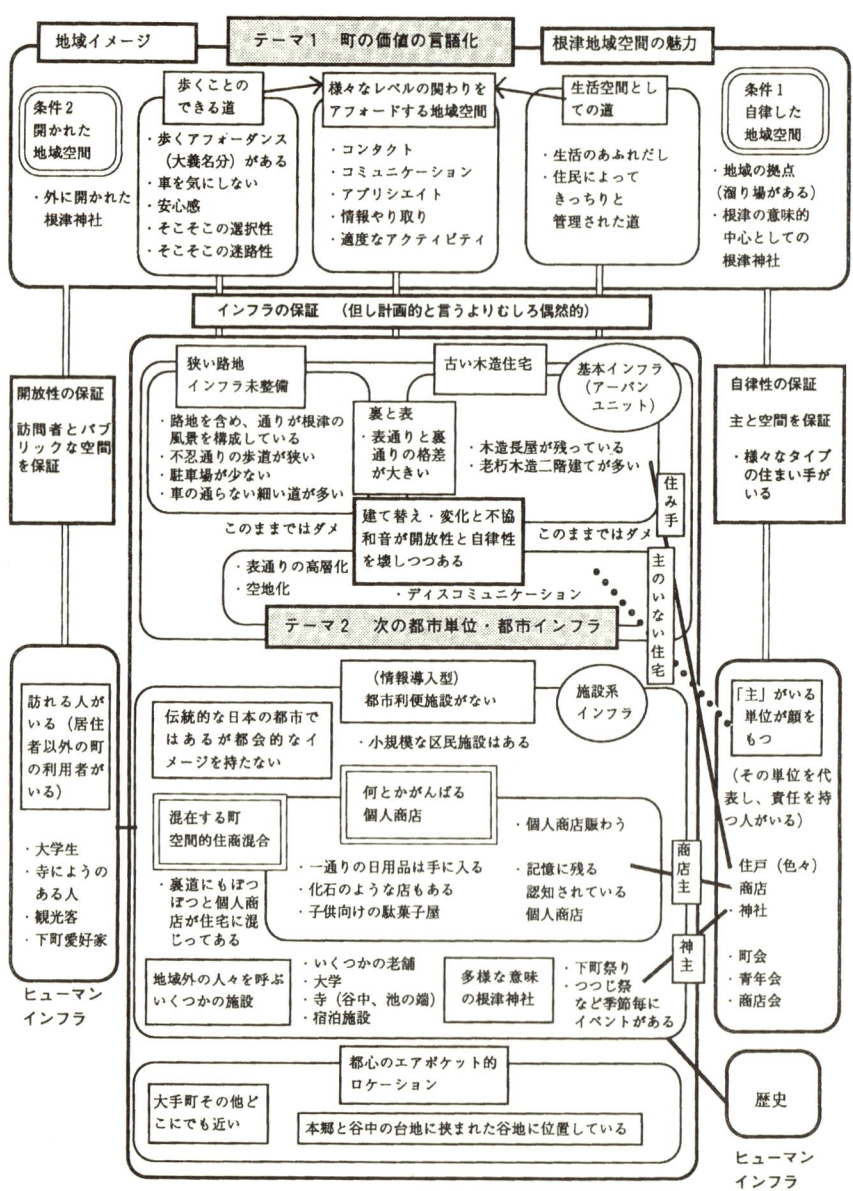

図1.3　根津の地域空間の質とインフラおよびその現状の問題[3]　研究メンバーが書きとめた根津の町についてのラベルを鈴木がKJ法でまとめ西田徹が整理したもの．

b. 場面と居方に関する研究
1) 場面と行動観察

筆者らは，すでに「住居における行動場面に関する研究―人の居方から住居の公的空間を考察する」(住宅総合研究財団研究年報，1991)[4]において，住居の空間の中で，どの部屋でどの行為をするという記号的対応でなく，具体的な空間の中のどこにどのような姿勢・方向で人が居るかを分析対象とし，そのありようから，住空間の質を分析してきた．

この展開として，場面に注目すること―街を歩いていて，あるいはある建物を訪れたとき，人の居る様子が魅力的・印象的でハッとすること―がある．こうした場面自体をなんとか記述しようとしたことも大きな転機であった．なかでも象設計集団による笠原小学校ではきわめて多様で興味深い行動場面に出会い刺激を受けた（図1.4，1.5）．

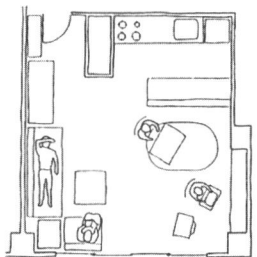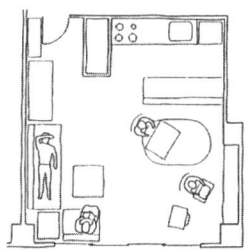

妹はテーブルを広げて作業．父は簡易テーブルの上でワープロ．母は本を読み，自分は居眠り．

父がゴルフを教えている．母はそれを適当に聞いている．兄は幅の狭い椅子に座布団を並べて器用に眠っている．僕も父が教えているのを何となく見ている．

図1.4　住居のリビングにおける行動場面の例　様々な個人の行動が共存し，ゆるやかな関係をもっている．1つの行為名称では説明できない状態．

図1.5　笠原小学校（埼玉県宮代町　設計：象設計集団）　学校のあちこちに少人数の居場所として使える止まり木のような場がある．

2) パブリックスペースの居方

様々な行動観察を続けていくなかで，最初に注目したのが槇文彦設計によるスパイラルの情景だった（図1.6）．特別な人が居るわけではない．特別な行為をしているわけでもない．ただ人が座って本を読んでいるだけだが，他の建物のラウンジ的空間とはどこか雰囲気が違う．うまく説明できないがどこか都市的で魅力的である．我々は密かに「スパイラル座り」と名付け，その場面の質とそれを成立させているものについて議論した．「男性が一人座っていた」と平面図にマッピングすることでは絶対にこの情景の魅力は記述できない．行動を扱う専門家であるにもかかわらず，我々がこうした日常的な場面の質を語る言葉や概念をもっていないのだということを思い知らされた．行動や行為内容ではない，環境の質を扱うためには，人がただそこに居る様子そのものを，「居方」を問題にする必要があると気づいたのである[5~8]．

同じような質に感じられる居方を，パレ・ロワイヤルやリュクサンブールなどパリのあちこちの公園で見つけてそのパターンがわかってきた（p.1，図1.7写真参照）．人が何かを眺めて心地よく座っている後ろからそっと見守れるような位置関係である．普通は壁際に椅子をおいて座る人の後ろをガードするのがセオリー[9]だがそれでは「スパイラル座り」は生まれない．つまり居方は当事者本人だけではなく，観察者など周囲に居る人との関係性が関わっている．行動は個人のものかもしれないが，居方は社会的なものなのである．

もうひとつ，あらためてパリの街で気づいたのは，圧倒的な居場所の多さである．綺麗だが居られる場が少ない日本の都市の公開空地とは大きな違いがある．多くのアーバンデザインは「賑わい」を目標としてきたが，都市には違う居方も必要なのではないか．こうしたパブリックスペースの居方については，留学生に案内されて台北の朝の公園の活動に出会ったことも決定的であった．太極拳，気功，社交ダンス，カラオケ，視野の中にこれだけ多様な行為をみたことは初めてだった（図1.8）．日本にも活気のある公園はあるが人の属性や活動はたいてい均質である．台湾の人々は個人個人がそれぞれ自分のペースで公園に居ることを楽しんでいる．「思い思い」という居方のタイプはこの時に生まれた．パブリックスペースの計画においては，そこで何ができるかだけではなく，そこにどう居られるか，どういう居方が可能なのかが決定的に重要なのである．

1.2 行動を捉える新たな視点 9

図 1.6 スパイラル（東京青山　設計：槇　文彦）　都市を眺めながら本を読む人を見守れる関係．

図 1.7 リュクサンブール公園（パリ）　落ち着いて語らうカップルを私たちは眺め見守ることができる．

図 1.8 興隆公園（台北）　太極拳，気功，社交ダンス，休憩など，思い思いに公園を利用する人々．

3) 中国の住居における行動と空間の自由な対応

2.1節で紹介するように，研究室で行った中国の現代住宅の調査[10]において，行為が特定の空間と対応しない状況があった．この結果は，調査地域も限定されており，未分化で矛盾に溢れた状態としてみる立場もあり，将来的にはLDKモデルに変わっていく可能性もあるが，使いこなしとしてはきわめて整然としており，かなり安定したスタイルとして存在している興味深い様式であった．これは部屋と行為という記号的な住まい方調査では対応できない興味深い様式であり，従来の行動と空間の対応関係の前提をゆるがす事象であり，後にあげる近年の日本の設計者の試みとも通じる点がある現象といえるだろう（図1.9, 1.10）．

図1.9 天津の住宅の食事の場 固定的なダイニング・食卓はなく，子どもが寝る場でもあるリビングにその都度折りたたみのテーブルが置かれて食事の場となる．

図1.10 天津の住宅の窓辺 夫婦のベッドがあり子どもが勉強する場でもある部屋の机で炊飯器が湯気を立てている．

c. 関連領域の新しい研究・理論
1) 心理学の展開

建築は多くの隣接分野と関連しているために，建築の研究者はしばしば「心理学ではこう言われている」「社会学ではこう言われている」と言及・引用することが多いが，心理学にしろ社会学にしろ専門家全員が認める単一の考え方・理論が存在しているのではなく，しばしば対立する学説理論が複数あり，時代とともに変化・発展していく．したがって心理学の立場をどうモデルにするのかが重要になってくる．

建築分野では，主として形態の知覚に関してゲシュタルト心理学が導入されていた他は，行動主義心理学的な考え方，すなわち刺激-反応，いわゆる S-R によって人間を捉える枠組が一般的であった．おそらくこれは建築という分野において普及している，物理的環境の操作によって行動をコントロールするという工学的な志向に適していたためではないかと思われる．なお工学にマッチするという意味では，本人が自覚しないうちに行動主義的な捉え方を前提にしてしまっている場合もあるのではないか．

さて心理学分野においては，1970 年代半ばから大きな変動があった．動物生態学，言語学，計算機科学の分野の成果を背景にして，行動主義的な人間像・モデルを批判する認知心理学，認知科学が起こったのである（佐伯，1981）[11]．この動きは 1980 年代にわが国でも大きな流れとなり，その後もギブソンの生態心理学にも影響され，より環境や状況の文脈を重視する状況論的な立場と発展していく．

こうした考え方の特徴のひとつは，人間を単なる反応機械ではなく，その行動を図式（スキーマ）の仕組みによって説明するなど，人間の内部的・積極的な環境への働きかけを重視する点が行動主義的なモデルと異なっている．

また以下の佐伯胖の文章にみるように，行動や能力を個人の特性というより，他者など周囲の状況の中で現れるものと捉える立場もある．

> 「学力」とか「能力」とか「適応力」といったものについても，また「自発性」とか，「積極性」というようなものについてさえも，これらすべての従来の「〇〇力」と呼ばれてきたものについて，行為主体自身が「も

っている」力,あるいは頭や心の仕組みや属性に帰属させる考え方を否定するのである.すなわち,これらは当人とその周辺の人々,さらにそれをとりまく世界との関係の中で,特有の形で「たち現れる」行動特性なのだ,という考え方をするのである.このような考え方を「関係論的視点」と呼ぶ.　　　　　　　　　　　　　　（佐伯　胖:「学ぶ」ということの意味)[12]

　もう1つ,従来の心理学が人間を不十分な判断をする間違いやすいものとして捉えていたのに対して,少ない情報の中からなんとか巧みにやっているものとして捉える傾向も注目すべき点である.一般に法則性を読みとるときにはモデルは単純なほうがよいが,なんとかうまくやっている豊かな仕組みとして人間を見るときまったく違う人間像が生まれる[13].先にあげた根津の研究はこうした発想から大きな影響を受けている.

2) 生態学的な視点

　以上のような広い意味での生態学的な立場は何も認知心理学の流れだけでなく,ジャンルを越えて普及していた.写真投影法[14]によって子どもの生活環境を描いた野田正彰など,ある1人の人間が,地域にどのように住み込んでいるかという様子を全体的に捉えようというスタンスや手法はしだいにまちづくりの場や子どもの生活環境を扱う研究者の間で共有されていった[15〜17].またたとえばこの頃から都市デザインの領域において,土地や敷地の文脈や体験の全体性を重視するランドスケープデザイン[18]が重視されるようになったこともパラレルな現象なのではないかと思われる.

3) 建設設計者による様々な提案

　もうひとつ忘れてならないのは,この時期に建築設計者から提案されたモデルである.すでに1970年代の篠原一男による試みからその兆候はあったが,1990年代に入って,若手の建築家達が主に住宅の設計において,単なる空間の配列の操作ではなく,建築空間とそこでの生活の関係自体をより自由なものにしようとする方法論が出てきたことである[19].

　たとえば古谷誠章の「生活を編集する」という言い方,青木淳の「未目的」

な人間行動像，そしてそれに基づく設計言語である「動線体」[20]など，これらは，ある空間にある行為を適切に対応させることを目指した，それまでの機能主義的な枠組を強く批判するものである．

こうした，人間行動と空間の対応関係の柔軟な捉え方は，ルイス・カーンの「人の気持ちのなかに適切な使い方をよび起こすことのできる空間の創造」という言葉のように，それ以前からあったものであり，槇文彦[21]やヘルツベルハー[22]の設計の態度の中にも見られるものであるが，わが国におけるポストnLDK住宅を模索する中で，最後まで残った近代的な枠組ともいえる空間と機能の対応関係を変えようとする動きとして，この年代に大きな流れとなったことが興味深い．ここでも研究者の捉える人間–環境関係像よりも，建築設計者の人間–環境関係の方がより人間的であるということが起こったのである．

1.3 浮かび上がった問題点

これらの状況をみると，行動を扱う建築の環境心理の分野には，以下のような問題点があることがわかる．

a. リアルな場面を捉える方法論の不在

ある現場で，個人が居る様子，そこで生活を組み立てている状況を具体的に扱う方法論がまだ不十分である．特定地域の包括的な研究でみたように，生活はきわめて多様な面から支えられている．この状況をフィールドワークし，表現し，分析する方法論が必要である．

b. 他者の居合わせる場を扱う方法論の不在

リアルな空間には本人だけでなく他者が居ることが普通である．しかし野田正彰がいうように，従来，心理学は個人心理，社会学は組織を扱い，その中間の普通の関係を扱う学問は欠けていたのである．建築の分野でも，群衆や組織としての人間を扱うか，個人の心理を扱うかのどちらかに分離し，他者と居合わせる最も日常的な空間を扱う手法が欠けているのである．

> 近代の心理学は，心の働く場を個人に限定した．一個の人間の心理があり，その次に個人と個人の相互関係の心理があると仮定している．原子としての個人の集合体を社会と考えたのである．逆に社会学は，社会を人間の主観的世界と切りはなしてしまった．
> ところが，現実の私たちの体験は，個人でも社会でもない，あえていえばその中間的な〈私たち〉の領域で行なわれている．中間的な領域から価値観，感情表現の形，外界の視角などを取り入れ，再びこの中間的な領域に向かって感情や判断を投げもどしている．何人かの個人が集まって〈私たち〉が構成されているかもしれないが，体験についていえば，私の体験は前もって私たちの体験のなかに溶けこんでいる．日常の意識において

は，私は個人として考え，感じているよりも，まず思考や感情があって，その主語を私とするか，私たちとするかは二次的なことである．

(野田正彰：「漂白される子どもたち」情報センター出版局，1988)[14]

c. 行動と環境の対応関係に関するモデルの問題

これまでみてきたように，最も大きな問題の1つは，人間と空間のエレメントとの関係を扱うモデルが不足していることである．これまで，建築の計画においては，生活を機能別の行為（居住，教育，医療，購買，文化等々）に分解し，それらを適切に配置することが大きな部分を占めていた．また住宅地においては，しばしば，隣近所から近隣住区というように，段階的に社会組織と空間を対応させて計画することが行われてきた．これらの背景には「生活行為（機能，組織）を施設や空間に割り当てる」図式－広義の機能主義が存在している．ところが，我々の地域研究が明らかにしたのは「割り当て」でない人間と地域要素との対応関係である．すなわち居住者は銭湯で入浴，商店で購買だけをしているのではなく，社会的関係[23]など様々な要因で施設や場所を選択し関係をつくり自分の生活領域を形成していくための材料としている．居住者と地域空間との対応は従来の計画論で考えられていた以上に多様なのである[24]．

d. 計画・デザインにおける呪縛―制御と決定論

最大の問題は，計画・デザインすることから生まれる志向かもしれない．すなわち，計画者や建築関係者が，デザインを通して物理的環境を操作することによって，人々によりよい生活・行動を提供しようとする立場である以上，デザインによって人の生活や行動に変化が生じることが大前提となる．ここから，ある物理的変数による行動の変化特性，言い換えれば人間行動のコントロール，結果としての建築決定論的な思考は抜けがたい．それは行動特性を把握し，モデル化し，予測できる手法を開発することにつながっていく．もちろん，こうした発想が必要な，生活の場面―たとえば緊急時―もありうる．

しかし，最終目標は，人間が設計者の思いどおりに動くことではない．ある1人の人間が，環境を使いこなし，豊かな生活を組み立てることが目標なのである．そのためには，どのようなモデル・態度が必要なのであろうか[25,26]．

1.4 方向性と課題—体験される場所の質の豊かさに向けて

最後に今後の方向性についてまとめる．

1) **リアルな現場へ—個人がつくりあげている生活環境を読みとること**

なによりも具体的な建物や地域において，個人個人がどのように使いこなし，そこに自分の生活の場をつくりあげているかを明らかにするサーベイがもっともっと行われるべきである．以下の章における住居から施設，地域に至るケーススタディも基本的にはそのような試みと位置づけることができる．今後はネットに代表されるヴァーチャルな環境も対象になってくるだろう．

2) **生活環境を支える資源の検討**

建築関係者は「建物」，「施設」によって，生活を支えるという発想になりやすいが，具体的な生きる社会においては，物理的建築とそれがもつ機能というより，それがどのように使えるか，また社会的な資源もまたきわめて重要である．いわゆる施設の利用調査でなく，生活とそれを支える資源の調査・分析が必要となってくるだろう．

3) **割り当てに代わる柔軟なモデル**

3つ目は，生活と行動，人間と建築に関するより柔軟なモデルを確立することである．繰り返すが近代的な計画論の最も大きな問題の1つは，集団・機能・行為に室や空間を適切に割り当てるというモデルしかもっていなかったことである．人間と環境を不可分のものとして捉えるトランザクショナリズムをはじめ，いくつかの重要な方向性は出てきているが，具体的にそれがどのような現れになるのかはまだまだ検討が必要である．

4) **「計画」概念の再再検討**

上記のような方向性のなかで，おのずと計画やデザインの意味自体が変わっ

てくる可能性がある．従来は利用者の行動特性に応じて利用者が求めているものを提供することが基本であったが，今後は，生活者が自分の生活を組み立てるための材料資源を提供するといった態度になる可能性がある．それが具体的にどのような「計画」になるのかはまだぼんやりとしかわからないが，それは成熟社会における環境とデザインの課題であり，環境行動研究が貢献する対象である． 〔鈴木　毅〕

参考文献

1) ジェイコブス，J.：アメリカ大都市の死と生（1961）（黒川紀章訳，鹿島出版会，1969）
2) ラング，J.：建築理論の創造，鹿島出版会（1992）
3) 西田　徹，高橋鷹志，鈴木　毅：根津の地域研究　その1．イメージによる地域構造分析，日本建築学会学術講演梗概集，pp.67-68（1992）
4) 高橋鷹志＋場所研究会：住居における行動場面に関する研究―人の居方から住居の公的空間を考察する，住宅総合研究財団研究年報（1991）
5) 鈴木　毅：人の居方からの環境デザイン　1．都市のオープンスペースの居方，建築技術，第517号，pp.204-207（1993）
6) 鈴木　毅：人の「居方」からみる環境，現代思想，**22**(13)，pp.188-197（1994）
7) 鈴木　毅：場面から環境の質を読む―人の「居方」からの環境デザインを目指して，建築雑誌，第110集，第1367号，pp.48-49（1995）
8) Suzuki Takeshi: Mode of Being in Places: A Case Study in Urban Public Space, in Wapner, S., Demick, J., Yamamoto, T., Takahashi, T. eds. 'Handbook of Japan-United States Environment-Behavior Research: Towards a Transactional Approach', Plenum Press, 113-129（1997）
9) ゲール，J.：屋外空間の生活とデザイン，鹿島出版会（1990）
10) 王　青，横山ゆりか，鈴木　毅，高橋鷹志：天津市の単元式住宅における住様式に関する研究―中国都市住宅における住様式の研究　その1，日本建築学会計画系論文集，第479号，pp.77-85（1996）
11) 佐伯　胖監修：LISPで学ぶ認知心理学1，東京大学出版会（1981）
12) 佐伯　胖：「学ぶ」ということの意味，岩波書店（1995）
13) レイブ，ジーン：日常生活の認知行動，新曜社（1995）
14) 野田正彰：漂白される子供たち：その目に映った都市へ，情報センター出版局

(1988)
15) 木下　勇：遊びと街のエコロジー，丸善（1996）
16) 橘　弘志，鈴木　毅，篠崎正彦：生活の場と都市コミュニティー多様な関係を支える都市の仕掛け，すまいろん，第37号，pp. 31-37（1996）
17) 鈴木　毅＋岩佐明彦：東京1995（特集　住居の現在形）10＋1，No. 5，INAX出版，pp. 105-129（1996）
18) LANDSCAPE EXPLORER：マゾヒスティック・ランドスケープ，学芸出版社（2006）
19) 鈴木　毅＋伏谷聖子：室名の変遷にみる現代住宅の課題，住宅特集（2000.1）
20) 青木　淳：原っぱと遊園地，王国社（2004）
21) 槇　文彦：記憶の形象，筑摩書房（1992）
22) ヘルツベルハー，H.：都市と建築のパブリックスペース，鹿島出版会（1995）
23) 山崎正和：社交する人間，中央公論新社（2003）
24) 鈴木　毅：人間-環境系のモデル・対象・メディア（日本建築学会大会研究懇談会資料『人間-環境系の計画理論のとらえ方』，pp. 51-56（1991）．『人間-環境系のデザイン，彰国社（1997）
25) 鈴木　毅：建築計画は変わらない．そして変わり続ける，建築ジャーナル，第864号，pp. 32-33（1995）
26) 舟橋國男編：建築計画読本，大阪大学出版会（2004）

2

行動から読む住居

2.1 住居における行動と空間の対応—中国都市集合住宅の事例

この章では，中国の集合住宅を中心とした行動場面調査による事例と，日本の老人ホームで行った居室内の「もの」の調査の事例を通して，住環境を捉え評価する2つの視点について紹介する．二者はいずれも人々の活動に着目するものであるが，活動を引き出す視座が直接的（＝行動場面調査），間接的（＝「もの」の調査）という異なる特徴をもっている．

a. 1990年代の中国都市集合住宅

中国では1978年「改革開放」以来，都市住宅は国による住宅の計画，建設，分配，管理に関する政策のもと，「住宅商品化」という分譲住宅の改革方向へと変化してきた．また，国が2000年を目標として小康生活[注1]を達成させる（都市住宅の場合は1世帯1ユニット居住，1人当りの居住面積が8 m²，1住戸ユニットの建築面積は50～55 m²）という目標が全国民に示された．

それをきっかけに，中国は欧米などいわゆる先進国から住宅政策や計画を学び始めた．とくに，政府レベルでは中国建設省は日本国際協力事業団の協力を受け，1990年からの3年間に「2000年を目標とした中国国民居住条件の改善と小康住宅を実現するための技術的な方法の提供」という目標のもと，「中国都市小康住宅プロジェクト」を行った．その結果日本の集合住宅計画の「食寝分離・DK厨房」，「公私分離」などの理念が中国の集合住宅計画に入れられ，さらに，これらの理念のもとに北京で1棟6階建ての60住戸ユニットのある試行住宅も建てられた（図2.1）．

しかし，これら試行住宅の実際の使われ方をみると，「全家庭生活の中心である」[注2]庁（L）は接客を優先の客庁として認識され，計画のイメージ図（図2.1）に描かれた家族のための常設食卓を置く世帯は1例もない．庁は接客に配慮したしつらえとなることが多く，家族の食事は折り畳み机を使うかあるいはソファーテーブルを止むを得ず使うかにすぎないのが実態である．さらに，広く取った厨房で食事をする（折り畳み机を使って）のは57例中7例しかな

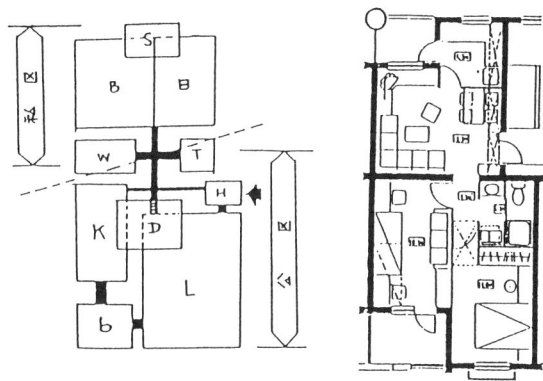

H：玄関ホール，L：起居，D：餐庁，K：厨房　b：バルコニー，W：洗浴室，T：トイレ，B：寝室　S：学習室

図 2.1　小康住宅空間関係イメージ図（北京 FRP 工場の試行住宅設計者による設計図，「中国都市小康住宅研究総合報告書」より）

い．親子別室就寝している世帯では，狭く設計された「小屋」，いわゆる私室の他の家族による利用がよく見られる．親子別室就寝の35世帯では，私室の他の家族による個人的な利用が22例（63％），家族の集団的利用が13例（37％），接客[注3]は27例（77％）となっている．自分の私室があっても他の家族の個室を使ったり，接客用の客庁が設けられても私室で接客するといった使い方が捉えられるのである（図 2.2）．庁や私室の利用実態は，日本の集合住宅理念をベースに「計画された空間」と，実際中国の人々が「認識している空間」の間にずれが存在していることを示している．

すなわち，住宅を機能のみから計画することには限界があり，社会・文化の背景からも切り口を求めて住居を計画することが必要と考えることができる．

接客を例としてみると，伝統的な中国の住居では，接客は主人と客（ここでいう客は別居している親類も含む）の関係によって，接客用部屋の1か所で接客する場合と，主人の就寝する部屋を含む住宅全体を使って接客する場合がある．つまり，客が親しければ親しいほど，よりプライバシーの高い領域に客を通すのである．自分の寝室で客を接待することは親しみを表す手段の1つでもある．またこの習慣は1990年代の農村部や都市集合住宅でもよく見られた風景である．

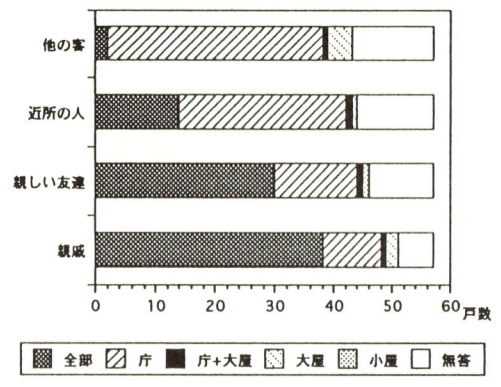

図 2.2 北京 FRP 工場の試行住宅 57 世帯の接客時に使われた場所

このように，接客を例としてみると，中国の伝統習慣と日本現代住宅計画における「公私分離」の理念の間に根本的な違いがあり，それは上述の「計画された空間」と「認識された空間」という矛盾が現れる原因の1つだと思われる．

もちろん，近年の中国では経済発展を求めるとともに，人々が欧米などの諸外国からライフスタイルなどを学び，家族のプライバシーや個人個人のプライバシーを要求する傾向もみられるようになった．このため，他人の家を訪ねる際は親しい間柄でも電話をしてから出かけたり，食事をしたり泊まったりしないよう配慮するようになってきた．中国でも客を自分の家に招き入れることが非日常的になる日は遠くないだろうと思うと何か寂しくなる．他人を自分の家に招き入れ一緒に食事をしたり泊まってもらうことによって人間関係を深めていくという伝統的な手段は現代社会では遠い存在となりつつある．いずれにせよ，外国からの住様式と関連のあるソフト面の取入れには，その国の伝統文化を背景とする住形式や住様式を考慮すべきと痛感する．

次に上記の小康住宅以外の中国の現在の都市集合住宅の住宅の形式およびその中の住様式についてみてみよう．筆者が1990年代に行った中国北方の都市集合住宅における「行動場面」調査（設定されたいくつかの日常生活の場面における人々の居場所を調査対象者によるスケッチ，家族による生活シーンの写真撮影と補足インタビューなど）をもとにして説明を加える．

b. 中国現代都市集合住宅の住戸平面と呼び名

1980年代頃から建設された集合住宅の住戸平面型は，一般的に1つの「庁」といくつかの「屋」から構成される「n室1庁」の形式をとっている．住戸内にはいくつかの屋と独立した台所，トイレ，あるいは浴室兼トイレなどがあり，これらを「庁」の空間がつないでいる（**図 2.3**）．日本の現代集合住宅（**図 2.4**）との大きな違いは，部屋の機能（寝室にするか居間にするかあるいは書斎にするか）が日本ほど，はっきりと規定されていないことである．

接客用の「客庁」を別にすれば，普段，人々は屋の呼称を機能に基づいて名づけるのではなく，大きさによって「大屋」，「小屋」，位置によって「南屋」，「北屋」などと呼ぶ場合が多い．また，実際の生活では自分のいる場所を原点として「その部屋」（那屋），置かれているものから「テレビを置く屋」などと呼ぶ場合も少なくない．庁の呼び名は形から「庁」，「方庁」，通行機能から「過庁」，「過道」が多くみられる[注4]．いずれも伝統的住宅に見られた呼び名が流用されている．

日常生活で用いられる「屋」や「庁」に対する呼称は機能からではなく，大きさ，位置，形などから定義することが多く，また伝統的住宅での部屋名と共通している．これらは中国の現代集合住宅を理解する上で重要な意味をもっていると思われる．

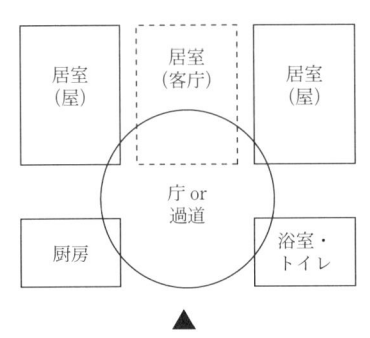

図 2.3　中国現代集合住宅の平面構成モデル

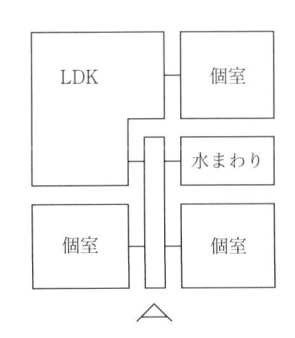

図 2.4　日本現代集合住宅の平面構成モデル

c. 行動場面からみた住戸の使われ方

1990年代前半，中国の都市部では，1人当りの居住面積は狭く，$8m^2$に足りない状況であった．このため，多くの世帯は別室就寝をするのも精一杯であるため，就寝室以外の部屋がなかなかとれない状態が多くみられた．調査では，当時，居住環境の条件が改善されていく中で，考慮すべき点を明らかにするために，一般より広い住宅にとくに焦点をあてた．つまり，別室就寝ができる上に余分な屋のとれる世帯，日本の住宅計画の立場でみると「別室就寝」が可能であり，さらに「食寝分離」，「公私分離」が物理的に実現できる世帯を中心にして，その住生活の実態を捉え，分析を行った．

1993年天津で行った無作為抽出調査の45戸のうち，16世帯がこのケースに当たる（**表2.1**）．この16世帯では余分な部屋（家族の就寝室にあてて残った部屋）に接客を主とする客庁を設ける傾向が多くみられる（12世帯，75％）．このうち2室戸（2室とも南に位置する1例を除く）の6例をみると，南の大屋をお年寄り，夫婦または家族の就寝する屋とするものが多く5例ある．そのうち3例は北の小屋を客庁にしているが，2例は客庁を設ける余裕があるにもかかわらず設けず，南の大屋に正式な接客の場，家族の食事の場および家族の就寝を兼ねさせている．また南に2室以上ある3室戸・4室戸の8例では，客庁と就寝の屋（お年寄りあるいは夫婦が4例，子どもが2例）という組合せが主である．このように，日当りの良い南の大屋[注5]は，まず，お年寄りあるいは夫婦の就寝室，次には客庁に優先的に選ばれやすいことがわかった．なお，客庁には入口に近い屋を当てるという傾向も見られる．

家族の食事については，南の大屋で接客，就寝，食事をしていた2例と，厨房でとる2例を除いて，庁が設けられる世帯では庁で行っていた．うち，前述の家族の諸活動は南部屋希望の2例は就寝室で，また2例は厨房でする．食事は庁に定着しつつあるといえる．また，客を交えての食事の場合，普段家族が食事をする場所より一段高いレベルの空間，たとえば庁から客庁や就寝室で行われる場合が観察された．

1) 家族の行動と屋の対応

これら16世帯では，別室就寝ができ，さらに余分な部屋を客庁として設け

2.1 住居における行動と空間の対応　25

表 2.1　天津市集合住宅調査の別室就寝しているうえに余分な部屋のある世帯の住戸の使い方

	二室戸							三、四室戸								
No.	7	14	15	18	24	29	30	34	35	37	38	39	41	42	44	45
人数	3	3	2	2	2	2	2	3	4	3	4	3	3	3	3	5
南屋1	●	○	●	●	●		●	○	●	●	◎⊗	⊙	●	●	●	◎
	□	◇	■	■			□	□	■		■	■	□	■	■	□
	★	★	★	★	★		★	★	★							☆
				△	△											
名称	大屋	大屋	大屋	大屋	大屋		大屋	大屋	大屋	臥室	大屋	臥室		大屋	大屋	誰屋
南屋2								○				○				
			■					□		■	■	■		■	■	■
										★	★	★		★		★
																△
名称			小屋					小屋		客庁	客庁	客庁		客庁	中屋	大庁
南屋3																●
名称																誰屋
北屋	⊙			●				○	□		●	●○		○	○	○
	■			□	■	■		□	□		□	□		□	□	□
					★	★						☆				
	△															
名称	小屋			小屋	小屋	小屋		北屋	小屋	臥室	東屋	誰屋		小屋	小屋	誰屋
庁					■	□	□			◇		■				
						★						★				
					△	△	△	△	△	△		△	△	△	△	△

凡例　◎老夫婦のベッド　●夫婦のベッド　◎夫婦と子供のベッド　○子供のベッド　⊗休日寮生用ベッド　⊙予備ベッド　■主な接客　□親しい客　◇特殊な客　★テレビ中心の家族の集まり　☆補助用　△家族だけの食事

　られる広さがあるにもかかわらず，行動からみると必ずしも私室（個人の寝室）は個人のみの使用ではなく，また，接客や家族の団らんが必ずしも客庁で行われるわけではないことがわかった．16世帯のうちの4例（No. 15, 18, 34,

35) が客庁を設けず，就寝室とした南にある大屋にテレビを置き家族中心の団らんをここで行い，また主な接客もここで行っている．9例（No. 24, 29, 30, 37, 38, 39, 42, 44, 45）ではテレビを中心とする家族の集まりなどが独立に設けられた客庁で行われるが，客庁はいつでも客を迎えられるよう普段からきれいに整えなければならないという意識が障害となるのか，家族の集まりや音楽鑑賞，親しい客の接待やおしゃべりなどは就寝室にまわる傾向がみられる．一方，客庁が北に設けられる場合，接客のみを行う場合が多く，家族の団らんや親しい客の接待も個室にまわることが多い（表 2.1）．

上記の16住戸中，夫婦あるいは夫婦と小さい子どもが一つ部屋に就寝する世帯8例以外の8世帯で他人（家族の他の成員）の就寝室の利用状況をみると，家族の団らんや人々との交流以外の昼寝，読書，勉学などの個人的な行動を他の家族成員の就寝室でする場面が半数（4例）でみられた．

これらの事例では家族（客を含む場合もある）それぞれの行動が，自分の寝台が置かれる屋と客庁に限らず，住戸全体に及んでいる．すなわち，行為や人々の集まり方によって，ソファー，机などふさわしい家具があったり，テレビ，ファミコン，テープレコーダーなど必要な電気製品のある部屋や場所を選択し利用するので，部屋の利用は必ずしもそこにある寝台の持ち主には限られない．また，人々が日当りのよい部屋に集まったり，個人的な行動を持ち込んだりする様子もみられる．いずれにしろ，多くの事例で個人と住戸内の特定の部屋や場所が必ずしも結びついておらず，ある部屋が使われるのはそこに就寝している人に限られるわけではないことがわかる．すなわち，「だれかの寝室」という個人への帰属意識が弱い．個室があるにもかかわらず各個室は各個人と必ずしも結びつかないかたちをとっている．

2) 寝台の使い方

このように就寝室が他の家族に使われたり，人々の集まりにも使われる背景として，多くの家庭で寝台をソファと組み合わせて，接客，人々の集まり，食事，普段くつろぐときなどの座としてよく利用するという実情がある．また，住宅の規模の大きい場合でも，寝台を使う傾向が見受けられ，その使われ方は個人のプライベートな活動のときだけではなく，接客時やテレビをみるとき，

2.1 住居における行動と空間の対応　27

表 2.2 寝台での行動場面

(住宅ナンバー)

生活行動	1	2	3	4	5	6	7	8	9	10	11	12	13	14	15	16	17	18	19	20	21	22	23	24	25	26	27	28	29	30	31	32	33	34	35	36	37	38	39	40	41	42	43	44	45
1 普段の食事の座		●		●●			●				○○					●●								●								●●				●						●			
2 来客時の食事の座							●							●		●				●	●																			●	●				
3 接客時の座					●●					○○						●●			●			●				●●					●		●			●	●		●		●		●		
4 TVを見る時の座	○	●	●	●	●	●			●			●			●	●		●		●	●	●		○	○					●				●			●		●		●		●		
5 マージャンする時の座				●	●			●						●		●																													
6 くつろぐ時の座	●	○	○	○	●	●											●					●						○	●			●			●			●		●		●			
7 新聞、本を見る時の座	●	●		●	●													●			○			●																		●	●	○	○
8 ファミコンする時の座																													●															●	●
9 電話する時の座									○																																				
10 勉強する時の座		●																																			●								
11 ギョウザを作る場所													●																																
12 子供の遊び場		○							●																								●								●				
13 他人の寝台での昼寝							●																													●									

●他人の寝台(ソファベッドを除く)で行われているもの　　○自分の寝台(ソファベッドを除く)で行っているもの

注:生活行動の5番以下については「楽しんでいる場面」として一つ挙げてもらったり、写真調査ではたまたまピックアップされたものなので、実際より例数は質来なくなっていると思われる

写真（左）　寝台はほ使っての接客場面
写真（右）　寝台でギョーザを作る時の場面

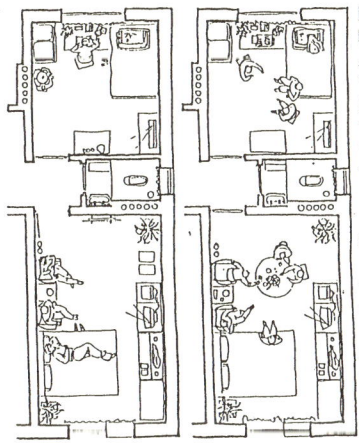

団らんの場面(左)
晩御飯後,妻と子供2人は「大屋」(夫婦臥室)でテレビを見ている(次男は寝台に横になっている)。私(夫)は「小屋」(子供の臥室)で書類を書いている.

客室の場面(右)
「大屋」(夫婦が室)で妻と子供が親戚とおしゃべりをしている(妻は寝台に座る).私(夫)は「小屋」で同僚とおしゃべりをしている(客は寝台に座る).

図 2.5　個人と寝台の対応

娯楽などの集団的な活動が行われるときにも及ぶ．その他にも，ときに寝台上で料理の準備をしたり，子どもの遊び場になるケースもみられるなど，全体として日常の諸活動によく使われている（**表2.2，図2.5**）．

本項でとりあげた地方の中国の家庭では，寝台の使われ方は多様であり，就寝時以外のパブリックな場面でも使われているのである．中国北方の伝統住居には「カン」と呼ばれる，夜間は寝床として使われ，昼間は上げ床の生活空間となる部分があったが，上で示したような寝台の使われ方には「カン」と共通するところがみられる[注6]．

d. 接客場面からみた住居

調査当時，1990年代はじめの中国の家庭では日本より多くの接客行為が日常的に行われていた．客を家まで呼ぶ，ご馳走する習慣は中国では礼儀上大切であり，親しい関係を表す1つの作法でもある．また，客の種類も，仕事上の付き合いから，親戚や友達，同僚，近隣の人まで多様で，目的によって滞在時間，あるいは接する場所も接客用の客庁に限らない．とくに親しい客の場合，接客場所にこだわらず，住戸全体を使い分けている．**図2.6**は筆者を含む調査者が筆者の父親が長年勤めていた都市を訪ね，当時父親と一緒に仕事をしていた仲間の家を訪ねたときに記録された行動場面である．午後から夕食後に至る夜までの記録であるが，時間の流れとともに家族と客の行動範囲は客庁から庁そして妻と孫の就寝する屋まで広がっている．つまり，親しい客なら，場面（おしゃべり，食事，麻雀，他の客がいるとき）に応じて住戸内の複数の場所が使い分けられることになる．

e. まとめ

以上，中国の都市集合住宅における住様式をみると，まず，家族の食事は庁で行われるのが定着しつつあることが主な傾向としてあげられる．しかし庁が設けられ「食寝分離」が可能であるにもかかわらず，就寝室で行う世帯がみられる．さらに食事を厨房でする世帯もある（**表2.1**）．つまり，これら室に余裕のある世帯でも「食寝分離」をしない場合があり，さらに「食寝分離」をしても，主に庁で食事し「DK厨房」で行う例はきわめて少ないことがわかっ

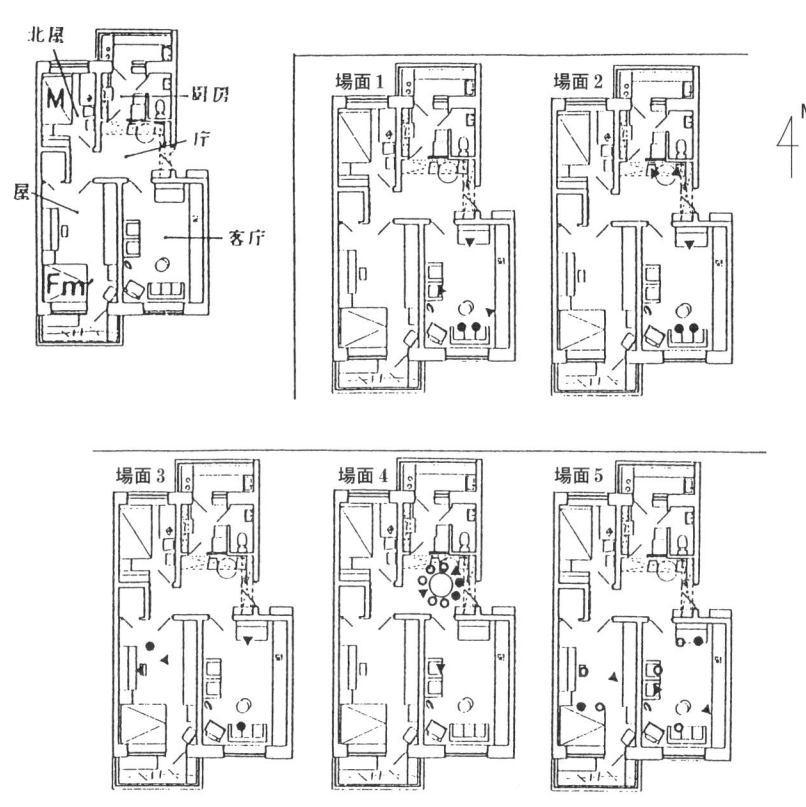

2.1 住居における行動と空間の対応　**29**

凡例：　▲家族　●メーン客（調査者2人）　○他の客

調査時間：1993/9/28 17:00～21:45
建築年代／入居年代：1983年／1985年
建物階数／ユニット型：5階／3室戸
家族構成／夫（62）妻（56）孫（男）（6）
履替え有無／場所：あり／入口の外
食事場所：家族のみのとき＝庁，接客時＝庁
場面1：父は友達夫婦と会話し，私は子どもとおもちゃで遊びながら，父達の会話に参加している．
場面2：父は友達とおしゃべりを続け，私はそばで付き合っている．奥さんは孫の宿題を手伝っている．
場面3：子どもがピアノを弾いてくれる．
場面4：大人の酒を飲みながらの食事はかなり時間がかかり，子どもは耐えきれず客庁でテレビを見ている．
場面5：食後，男性は客庁で，女性は隣の部屋でおしゃべりをしている．子どもは客庁でおもちゃで遊んだり，女性のいる部屋に出たり入ったりしている．

図2.6　瀋陽市のある家庭を訪ねたときの行動記録

た．

　次に「公私分離」が実現できる世帯でも，必ずしもこの理念の物差しに沿って住戸内をしつらえたり，行動をしたりしていないことがわかった．以下に結果を簡略にまとめ結びとする．

　① 別室就寝が可能な上に部屋が余っている場合には，家族個人個人のプライバシーを確保するよりは，また家族中心の居間兼食堂よりは，むしろ客をもてなすために（客がいないときには，家族の集まり場にもなる），まず接客用の客庁を設ける傾向がみられる．

　② 機能や個人との対応によって部屋を分配して使うのではなく，家族成員の誰もが行為と場面によって部屋と場所を選択し，利用する形を取る傾向が強い．その背景には，自分のプライベートな領域にまで人や家族を入れることによって，自分と相手の親しさを表す伝統的な習慣があること，また寝台の利用も必ずしもプライベートな場面に限定しない生活感覚があると思われる．

　③ 客庁を別にすれば，部屋の呼び名や使われ方は空間の機能と必ずしも結びつかない．むしろ，南に接客や家族の活動によく使われる主ゾーンがあり，北にこの主ゾーンを補完する副ゾーンがある，という領域区分で捉えられる．

〔王　青〕

注1）　小康という中国語は「まずまずの幸福」という意味をもつ．
注2）　「中国都市小康住宅研究総合報告書」より．
注3）　ここでは，家族とともに生活しない人々（大学などの寮で生活する家族を除く）はすべて客とする．その中には，親族，親戚から，親しい友達，普通の知り合いまで含む．
注4）　しかし，最近「三大一小」（庁，厨房，浴室・トイレを大きくして，就寝室を小さくする）のプランでは，屋より広くした庁を客庁として使う場合に，庁を客庁として呼ぶ場合もある．
注5）　一般的には南の屋が北の屋より大きく，言い換えれば，人々が「大屋」と呼ぶ屋はほとんど南に位置している（南北向きではない住戸も「大屋」がより有利な位置を占める）．
注6）　中国北方の伝統住宅では最小の居住空間の単位は「屋」と呼ばれてきた．この「屋」がいくつか連結した（一般的に「一堂両屋」である）住棟は房（正房，

廂房）と呼ぶ．最も小さい3室構成が庶民に対応する構成とされ，これをもとに，中庭をロの字型，コの字型に囲んだものがいわゆる「四合院」，「三合院」となる．そこでの住様式の特徴として，一般的にいえば，堂屋はフォーマルな空間であるのに対して両側の屋は家族の就寝室に当たる一方，家族の生活の領域にもなる．「屋」の床面のほぼ半分を占め，古来から中国北方に伝わる床暖房でもある「カン」と呼ばれる寝台は，その上で寝るだけではなく，上に家具，布団，「カン卓」などを置き，食事やくつろぎ，家事，子どもの遊びにも利用され，また客を「カン」のある屋に迎えてその上に上がらせるのが一層の親しみを表すこととされてきた．またさらに床上に置いた卓や椅子と組み合わせて「カン」に腰掛ける場合もみられるなど，接客・食事のしつらいは季節あるいは相手によって変化する住様式が伝統的住宅でも見られた．

参考文献

1) 中国建築技術発展研究中心・JICA,：『中国都市小康住宅研究報告書』(1993)
2) 蘭陵笑笑生：『金瓶梅詞話』(1993)
3) 王 青：1996年度東京大学学位論文，『集合住宅における住形式・住様式の伝統と変容に関する研究—中国北方事例に基づいた比較考察—』
4) 王 青，横山ゆりか，鈴木 毅，高橋鷹志：『天津市の単元式住宅における住様式に関する研究—中国都市住宅における住様式の研究その1』，日本建築学会計画系論文集，第479号，pp.77-85 (1996)

2.2 「もの」が映し出す住まい

2.1節では，改革開放前後の中国北部における住まい方を「行動場面」から捉え，事例とした．生活の中で展開される場面をていねいに捉え読み解くことが，人々のリアルな生活実態を理解し，環境デザイン上の多くの示唆となりうることが，実感として伝わったのではないかと思う．2.2項では前項と同様に，リアルな生活実態を捉えることを目的としながら，住まいの中にある「もの」に着目した分析手法による研究を紹介する．

「もの」と行動の間には密接な意味がある．このことから，説明を始めよう．

a. 住まいという場所
1) 私の部屋

健康なとき，私達は思いのままに振る舞うことができる．日々，特別に意識することもなく，自由に，自在に周囲のあらゆる環境（物理的環境，人との関係，社会関係など）と複雑に様相を変えながら関わり合いをもっているのである．それは非常に複雑なプロセスであるに違いないのだが，たいていの人は意に介することもない．そして，気づかないうちに環境と関わり合った結果が幾重にも積み重なり，その人らしい生活の場を身のまわりにつくり上げているのである．

このことは，自分の部屋を想像すれば，しごく当然のことと理解できるだろう．あるいは，あなたが大学生であるならば，誰でもよい，何人かの教員の研究室を訪ね歩いてみればよい．同じような形と大きさの部屋が，教員によって随分違うイメージになっているのがよくわかる．このような，その人らしい生活の場の形成を説明する概念の1つとして「専有化」[1]がある．専有化は単にいろいろなものが集積して場所の雰囲気がつくられるということだけではなく，個々人の記憶の積み重ねでもあり，愛着や思い入れへとつながっていくことでもある．こうして，場所に意味が生まれる．

たとえば，風邪をひいてしまうと体を動かすことが大儀になる．そのような

とき，環境と直に関わることはできないが，「私の」部屋の中で回復するまでじっと待つことはできる．体を休めようというとき，自分の部屋はとても心地よい場所の1つであるという人は少なくないはずだ．何故，自分の部屋が休まるのかというと，それはひとえにこつこつと積み重ねられた「意味」による．私は，この部屋のなにもかもをよく知っている，のである．部屋の中には，現在の日々の営みのために存在するものもあれば，過去の大切な記憶を呼び覚ます喜びのキューとして存在するものもある．これらすべては自分自身と深く結びつき，ゆえに，私は安心することができる．反対に，時間の積み重ねがまだ浅く，積み重ねられたものがほとんど皆無といった状況は，場合によっては当事者にとって厳しい体験となることも予測されるのである．

2) 危機的移行

ところで上に示したような「厳しい」事態は，新しい職場に移ったときや，新しい住居に転居したときなど大きな変化の際に生じる可能性が高いとされる．体験したことのない場所では「私の」環境の意味はきわめて希薄である．新しい環境に移るという体験に対して，「慣れるまでは」ちょっと大変だ，などということを人（当事者であるなしにかかわらず）はよく口にする．「慣れる」ということは，毎日そこに通ううちに人や部屋や「もの」との関係性が生まれ，自分にとっての意味が徐々に蓄積し，「私の」場所としての意味をもつことだ，といえるのかもしれない．新しい環境に慣れ，自分の環境を再構築するためには，そこで出会う個人や社会，利用する建物をはじめとした物理的環境と新たな関係を作りあげる努力が必要で，それには相当の体力・気力も必要と思われる．

多くの場合，上述のようなプロセスを体験するうちに，しだいに人々は新たな環境との新たな関係性を構築し，「厳しい」事態から脱していく．しかし，環境の変化が非常に大きい，あるいは多岐にわたる場合，ときとして「慣れる」ことがいつまでもできず，自分にとって快適な環境を形作ることが困難な人もいる．この人達は，新たな環境の中でとまどい大きなストレスにさらされ，混乱し，疲弊する．

人生の出来事や移動による環境の変化を「環境移行」[2]と呼ぶ．そして，新

しい環境で自分の環境の再構築ができない事態を「危機的移行」[2]という．冒頭にあげた「厳しい」事態はまさにこの危機的移行である．

3) 環境デザイン

こうして考えていくと，住まいとは住まう人が行動し，その結果として形づくられるその人らしい生活の場を支えることのできる器ということもできる．住まう人の豊かで充実した生活の質の達成を，デザインの至上の目的のひとつとするならば，デザイナーの仕事は住まう人が日々の生活を積み重ねるための空間の用意にとどまらない．住まう人々が日々住まいの環境と関わり，自分らしい生活の場を作りあげる上でのサポートもまたデザイナーの仕事であるということができよう．その意味で，住まう人々の日常生活での実感を知ること，理解することはデザインを仕事とする上で最も大切なことの1つではないだろうか．

b. 「もの」と生活

住まいは，住まう人の日々の生活の現れであり，思いの込められた場所である．だからこそ，「私の部屋」には，ある種の力があり，新たに「私の部屋」をつくり上げるにはそれなりのエネルギーが必要なのだ．住まい手の生活の積み重ねは，選ばれた家具やもの，その置き方，部屋の手入れの仕方など様々なところで垣間見ることができる．逆にいえば，私達は，住まい手の日常の活動を，その部屋をちらりとのぞくことでなんとはなし想像することもできる．雑誌で著名人のお宅訪問のページが楽しいのは，そんな見えない生活の部分を想像する余地にも理由があるのかもしれない．つまり，住まいの景色，具体的には景色を構成する大小様々な「もの」が，住まい手の日常生活での活動の様子や，住まい手にとっての環境の意味を読み解くヒントとなっている．

先の中国の住居の事例では，実際の日常の行動場面に着目していたが，この項では住まいの景色を構成する要素「もの」に着目する．「もの」は行動を映し出す媒体と言い換えることもできる．

1)「もの」と「専有化」

　私達はいろいろな「もの」に囲まれて暮らしている．楽しみの何かをするための「もの」もあれば，食事に用いる食器のような日用品としての「もの」もある．また，ときとして「もの」には，かけがえのない思い出が込められている．また，多様な意味を内包するこれらの「もの」は，ある場所が「私の部屋」となっていくこと，先述した専門的な言葉を用いて表現すれば「専有化」に大きな役割を演じており[1]，その人らしい環境を育てることと深いつながりがある．このことは，たとえば，老人ホームなどに住まいを移した人にとって，「前に住んでいた住居から使用していた持ち物を持ち込むことが新しい環境への適応を助ける」という，大原[3]や外山[4]の指摘によっても裏づけられる．長く住み慣れた家を離れて老人ホームなどに移ることに起因するストレスははかりしれず，「危機的移行」となりやすい．少しでも早くそこが「私の場所」，「私の部屋」に近づくことが必要である．新しい環境にあって，うまく専有化ができるということは精神的・身体的な健康にも大きな意味をもつ．つまり，「もの」には，新たな環境に移る人の専有化をサポートする上で，大きな可能性があるということができる．

2)「もの」と生活活動

　住まいの中にある「もの」は，住まいの環境の質的な側面を推し量るに足る情報量をもっているはずである．しかし，これら「もの」を媒体とした分析を行おうとすると，現実の住まいに存在する「もの」の多種多様，かつ膨大さにとまどうことになる．そこで，この多種多様，膨大な「もの」を（誤解を恐れずに雑駁な言葉で表現すれば），日常の生活行為をはじめとした「肉体による活動」と，写真を見ながら思い出をたどるようなことなどの「精神による活動」のどちらに用いるかで分類することを試みたのがCsikszentmihalyiとRochberg-Halton (1981)[5]である．社会学者である彼らは，米国人の住まいにある所有物について詳細な調査を行った．彼らは，アメリカ人が自宅に所有する特別なもの，お気に入りのものは何かの調査を行ったのだが，これは，その分析で用いたカテゴリーの1つである．彼らは，この分類を人間の生活を「vita actiiva（活動的生活）」[6]と「vita contemplative（観照生活）」[6]との面か

ら捉えた Hanna Arendt の概念と関連づけて説明している．彼らは，Arendt のいう，人間の条件である活動的生活と，哲学者達のような内面的な思考の生活という2つの面を参考に，「もの」の質を表したのである．

これは，非常にシンプルで自然な分類である．彼らは，「肉体による活動」に関わる「もの」を action objects,「精神による活動」に関わるものを contemplation objects という用語で表した．簡単な例を挙げれば，ベッドやテーブルなどの家具，家電製品やスポーツのための用具などが action object であり，写真や宝飾品，絵画などを鑑賞したり，思い出に関わる品物などが contemplation object である．彼らは，この分類を用いた分析を踏まえて，子ども達は，スポーツ用品など日々の生活と彼ら自身の発達に直接関わるような action object に属する対象を挙げることが多く，成人になると，特別なものの属する対象のカテゴリーが contemplation object である人が多くなる，等の指摘をしている．

文化を超えた人間の生活の一般的特徴に基づくこの類型化を，日本人の住まいの中の「もの」の考察に援用した．住まい（ここでは老人ホーム）の考察の事例を以下に示す．なお，本項では action object を「行為対象」，contemplation object を「観賞対象」と表すことにする．

c. 「もの」が映し出す老人ホームという住まい

本項では「住まい」の例として老人ホームを取り上げることにする[7]．先述したように，老人ホームへの転居は，「危機的移行」となりやすい．老人ホームという住まいにおいて危機的移行に直面し，あるいは危機的移行を回避する努力をしている入居者の状況を「もの」を通して捉えていくことにする．この考察を通して危機的移行を乗り越えるための新たなヒント，「私の部屋」をつくっていくためのヒントを得ることができるはずである．

ここで取り上げる特別養護老人ホームは定員50名（調査時点での入居者は61歳から94歳までの46名），1994年に完全個室型として開設された．開設当時は，完全個室型老人ホームのさきがけとして注目された施設である．調査時は44名が1人部屋（約$13.0 m^2$），2名は$22.1 m^2$の部屋を1人で使用していた．本項に示す調査データは開設2年後のものである．開設直後から行った継

続的な調査の結果から，「入居」という大きな環境移行を乗り越え，新たな環境での生活に多くの人が落ち着きをみせていると判断された時期である[8]．

所有物はプライバシーに直接関わるものである．そこで，調査では入居者の個室内を「もの」（家具やその他物品すべてを含む）の状況がなるべく詳しくわかるように写真撮影して，映りこんだ対象についてのみを便宜上，その居室の居住者の所有物とした．

1) 所有物の分類作業

CsikszentmihalyiとRochberg-Haltonの研究[5]は，世代を限定せず自分の家に住む人に対して「特別なもの」を問うという内容の調査によるものである．そのため調査から得られたデータは，住まいにあると思われるおおよその物品は網羅されているが，日用品や食品などごく日常的な物品は含まれていない（**表2.3**参照）．しかし，この調査では住まいの内容を包括的にみることが主眼であることから，援用したCsikszentmihalyiらの類型に不足している物品を補い改めて類型化を行った．その中では，行為対象を「何かをするために使う対象」，観賞対象を「見たり，眺めたりする対象」と再定義した[注1]．

表2.3は，今回話題とした老人ホームの入居者の全居室で，実際に部屋にあった「もの」を行為対象，観賞対象別に分類した結果である．老人ホームの居室という限定された環境であるが，総計258種類，2013点が持ち込まれていた．行為対象は1489点（全体の74％），観賞対象は524点（全体の26％）であった．

2) action objects：行為対象
●自立度と行為対象の所有

46名の入居者1人ひとりが所有する行為対象の数は最小10個から最大84個までの幅があり，1人当りの平均所有数は32個である．行為対象の所有数には日常生活行為の自立度によって異なる傾向がみられた．比較的自立度が高い（＝高ADL（Katz Scale[9]A～C相当））入居者は22名，自立度が低い（＝低ADL（Katz Scale[9]D以上相当））入居者は24名で，高ADL群の行為対象所有数の平均の方が低ADL群の平均よりも10以上高い（高ADL群：約

表 2.3 所有物のカテゴリー一覧および調査対象者のものの所有状況

Csikszentmihalyi等による行為対象分類	調査で捉えられた行為対象分類	所有人数	所有総数	Csikszentmihalyi等による行為対象分類	調査で捉えられた行為対象分類	所有人数	所有総数
—	施設備品/家具	46	270	—	日用消耗品	42	142
—	座具・椅子	22	35	—	健康器具/薬等	17	29
—	テーブル類	7	10	—	食器/食品等	32	99
—	収納用品・家具	38	217	—	宗教関係	2	2
—	鏡 台	2	2	—	寝 具	19	39
ベッド	ベッド	46	46	スポーツ用品	—	0	0
楽 器	—	0	0	カメラ	—	0	0
テレビ	テレビ	20	21	おもちゃ	おもちゃ	4	4
ステレオ/テープ	ステレオ	1	1	ぬいぐるみ	ぬいぐるみ	12	21
ラジオ	ラジオ	7	7	衣 類	衣 類	37	120
植 物	植 物	11	18	暖 炉	—	0	0
ペット	—	0	0	風 呂	—	0	0
水 槽	水 槽	1	1	その他	その他	14	17
電気器具	電気器具	6	6	乗り物	—	0	0
冷蔵庫	冷蔵庫	10	10	電 話	—	0	0
(道具)	日用品	45	372				

Csikszentmihalyi等による観賞対象分類	調査で捉えられた観賞対象分類	所有人数	所有総数	Csikszentmihalyi等による観賞対象分類	調査で捉えられた観賞対象分類	所有人数	所有総数
ビジュアルアート	贈られた絵など	20	33	—	賞 状	11	19
彫 刻	折り紙等飾り	42	134	キルト/テキスタイル	キルト/カバー類	9	14
コレクション	—	0	0	グラス	—	0	0
本	本	11	78	蝋 燭	—	0	0
写 真	写 真	23	31	—	花	34	62
—	アルバム	34	36	—	カレンダー	34	46
皿	—	0	0	—	宗教関係	7	17
銀 器	—	0	0	—	手 紙	2	3
グラス	—	0	0	—	その他	2	4
—	時 計	39	47				

32個,低ADL群:約20.4個).さらに,Katz Scaleで満点の入居者13名の平均は45.4個である.

　つまり,自立度の高い人の方がたくさんの「使うもの」をもつ傾向が強いことがわかる.実際,各人の行為対象の数とADL程度を得点化[注2)]した点数との間には,相関が認められた($r=0.655$)**(図2.7)**.

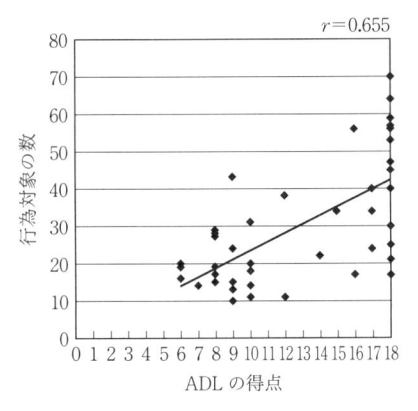

図 2.7 行為対象の所有数と ADL 程度の関係

● 所有内容の傾向

このカテゴリーに含まれるもので，所有者率（所有者の人数/入居者の総人数）の高い対象物は，「日用品」(45名)，「日用消耗品」(42名)，「服」(37名)，「食品」(32名) である．これら以外は逆に，所有者率，所有数ともに少ない．このうち，日用品と収納用品の所有個数と ADL 程度との間に高い相関が認められた（$r=0.672$, $r=0.653$）．ところが，「食品」では ADL 程度と所有数の間の相関が低く（$r=0.442$），所有者率の高さとあわせて，飲食は ADL のレベルに左右されずに行われやすい行為であることが予測できる．

「収納用品・家具」は，家具とクリアボックスのように収納を目的としたコンテナ様の道具，さらに風呂敷包みや紙袋等のような，一時的で簡易な収納用品とに分けられる．興味深いのは，「家具」，「コンテナ類」と ADL 程度の相関は低い（$r=0.316$, $r=0.455$）が，「簡易収納」との間で非常に高い（$r=0.703$）ことである（表 2.4）．この結果からは，家具やクリアボックス等は，ADL 程度にかかわらずたいていの人が持ち物を収納するために用意している

表 2.4 収納用品の種類別所在数と ADL 程度の関係

	家具 $N=43$	コンテナ類 $N=83$	簡易収納 (袋, 風呂敷等) $N=91$	収納用品全体 $N=217$
ADL 程度との相関係数	$r=0.316$	$r=0.455$	$r=0.703$	$r=0.653$

こと，それらの収納品に加えて，袋や風呂敷包みに持ち物を収納保管する人は自立度が高いことを読み取ることができる．収納用品を多く所有しているということは，多くの「もの」の所有を意味していると考えることができる．これらは，自立度の高い人は，より多くの日常生活の活動に必要なものを所有しているということを繰り返し示すものと考えられる．

3) contemplation objects：観賞対象
●自立度と観賞対象の所有

「もの」のもう一方のカテゴリー，観賞対象は，行為対象と比べて1人当りに観察された所有数は少なく，平均の所有数は行為対象の約3分の1の11個である．1人の居室で観察された数は最小2個から最大55個と，行為対象と同様に個人差が大きい．しかし，低ADL群の人の所有数と高ADL群の人の所有数の差は，行為対象の場合より小さく，各自の所有する観賞対象の数とADL程度との間の相関は行為対象の場合に比べ低い（$r=0.509$）**(図2.8)**．ADL程度の低い人は全体的に所有数が少ないこと，とくにADL得点の高い人（18点）の所有数のばらつきが大きいことは，行為対象と同様の傾向である．

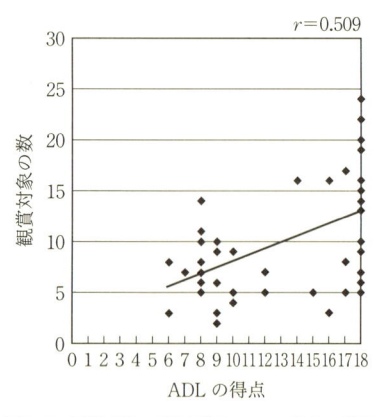

図2.8 観賞対象の所有数とADL程度の関係

●観賞対象の内容

　調査を行った老人ホームの居室で見られた観賞対象は，Csikszentmihalyi & Rochberg-Halton が考える「過去の記憶や個人的な価値等に関わり，自らを確認するものとしての意味がある」対象としての観賞対象 "contemplation object"（コレクションや写真など）は少ない．各居室には，近隣の小学生などから贈られた図画工作等が多く飾られており，これら近隣の小学校などの子ども達からの贈り物で居室内の観賞対象の 4 分の 1 近くが占められていた．所有物のカテゴリー一覧表の表 2.3 の「彫刻」の 134 点中 56 点つまり 41.8 % は，そうした手作りの贈り物である．当然のことながら入居者すべてに贈られたこれらの贈り物と特定できるものの数と ADL 程度の間に相関はまったく認められない．その他では「花」，「時計」，「カレンダー」を所有する人が多く，所有数の合計では約 30 % を占めていた．次に「写真」が多く，孫や子ども，亡くなった連れ合いの写真を飾っている人は全体の半数，23 人である．

　観賞対象の所有点数の多い人の居室には，書籍や自分の作品等の趣味に関わるものなど自分の嗜好を反映したものが比較的多く見られた．

d. 「もの」が映し出したそれぞれの住まい
1) 環境が内包する可能性

　調査の結果，老人ホームの居室内の行為対象の数と ADL 程度の間に認められた相関は，自立度が高ければ，日々の活動に関わる日常用品も多い，というきわめて当然な結果とも受け止められる．同時にこの結果は，自立度が低く活動の種類や量が少なければものも少ない，ということを意味することになる．ここで，自宅の「私の部屋」を今一度考えてみよう．できても，できなくても，やりたくても，やりたくなくても，「あの戸棚の中のもの」は，いつでも取り出し，使うことができる．その場所で，ある行為ができるという可能性があることを，「もの」の存在が担保している．

　そもそも，体力が低下して老人ホームに移り住む人達に，自分で様々な物品を用意することは非常に困難なことである．加えて，日常の活動自体が縮小していれば，必要な生活用品のみの持ち込みとなることは想像に難くない．調査の結果はこの様子を如実に示している．しかし，こうした身体の運動能力がそ

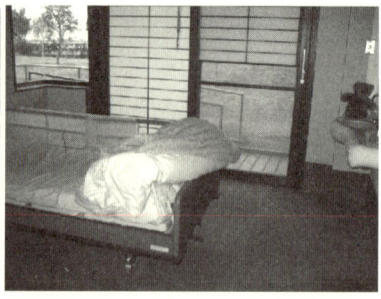

図 2.9 自宅の「私の部屋」と老人ホームの居室
左：東京の下町で，60 年近く住み続けているある婦人の自宅の居間．右：この章で紹介した老人ホームに住む ADL の低いヒトの居室の例（2003 年撮影），ADL が低くなった人が老人ホームに移り住んだとき，自宅と同じような気分で暮らせる「住まい」を作り上げることは大変な作業だということが想像できる．

の人の現在の行為対象の所有のありかたを限定するような傾向は，その人の生活の可能性を当初から限定してしまうことに他ならないともいえる．個人の生活の質の向上，あるいは能力の向上の可能性を環境に用意させるという考え方とは相反する状況といえるのではないだろうか（**図 2.9**）．

2）住まいの景色

行為対象は老人ホームに住まう場合，生活活動を豊かにする意味で重要である．調査の結果も居室の景色が，主として大小の行為対象を中心とした「もの」によって作り上げられていることを示している．これら「もの」が作り上げる「景色」は，住まいとしての老人ホームにどのような評価を与えるのだろうか．

●「収納用品」と家具

Goffman（1974）[10] は，物理的機能だけではなく経験的生活空間を構成するための「フレーム」の 1 つとしての家具の意味を指摘している．紹介している調査では入居者の多くは施設付属のたんすなどの収納家具や，クリアケース等の収納用具の利用が中心で，自宅から使いこんだ家具を持ち込む例は多くなかった．

Goffman のいうように，自宅から持ってきた家具は個々人の生活の連続性

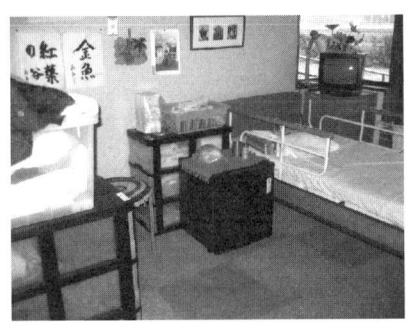

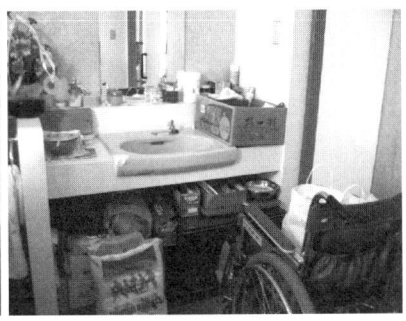

図 2.10 収納用品がつくる老人ホームの室内景観の例
いずれも ADL が高く，たいていの日常行為は自立している人の居室．居室内の物品は多いが，収納ケースや，ダンボールの利用が目立つ（2003 年撮影）．

を視覚的・心理的に成立させるために有効と考えられる．しかしながら，実際には，クリアケースなどの「コンテナ類」や，風呂敷包みや鞄などの一時的な「簡易収納」が多く（図 2.10），これが室内の景観を特徴づける結果となっている．

●老人ホームと観賞対象

　調査を行った老人ホームでは，思い出や記憶のよすがとなる多くの観賞対象で居室を飾るよりも，贈られた手作りの品物が目立ち，居室の雰囲気に多少なりとも影響を与えている．

　観賞対象も行為対象と同様に，ADL 程度の低い人は全体に所有数が少ない．ADL の程度が高い群では，人によって所有数にかなりのばらつきが見られる．観賞対象は直接生活に関わるものではないことから推して，その所有の仕方には本人の嗜好や居室を演出することへの意志の強弱が反映していると考えることができる．それは一方で，「施設」居住をどのように捉えているかの差でもあるのかもしれない．

e.　認知症と「もの」の所有

　認知症は，老人ホームに移り住んだ人の居室の環境にどのような影響を与えているのだろうか．認知症の程度を表す指標として Barger（1980）[11]のスケール[注3]を用いて，行為対象，観賞対象それぞれの所有数との相関を調べたと

ころ，ADL 程度の場合と類似した結果を得た．つまり，認知症の程度が重いほど，居室内の「もの」の数は乏しい傾向がある．調査対象者の ADL 程度と認知症の程度の間の強い相関（$r=0.797$）がこれを説明づけている（図 2.11）．

自宅では認知症の程度に関係なく，様々な「もの」が身のまわりに存在しつ

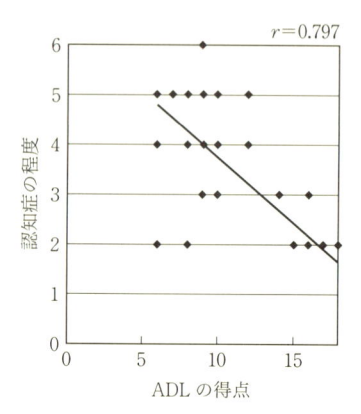

図 2.11 認知症の程度と ADL 程度の関係

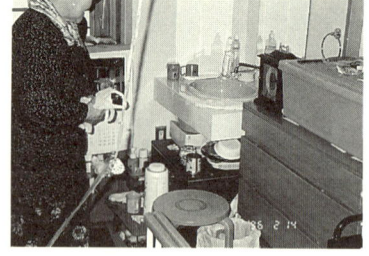

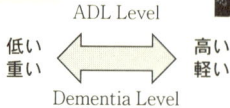

生活に関わる「もの」が用意されていることも生活の質を問う場合大切な条件といえるのかもしれない．右側は，生活行為すべてに自立しており，自宅から数多くの家財を持ち込んだ 2 人の入居者の居室．左は，認知症が進み，ADL もしだいに低下している人の居室．
（いずれも 1996 年撮影）

図 2.12 ADL 程度と認知症程度 vs 居室内の「もの」の様子

づけているのに対して，少なくともこの調査での認知症の人の部屋では認知症の程度と「もの」の量があからさまに負の相関を見せていた．つまり，ADL程度が高く認知症の傾向がない場合と，ADL程度が低く認知症程度が高い場合では，居室内の「もの」のあり方は両極となる傾向が強い．この状況下で認知症の症状をもつ入居者は，日常行ってきたなんらかの行動を起こそうとするたびに（いかなる行為であるか余人にははかりしれないものであったとしても），当人には「もの」の不足が実感されるであろう．これは同時に，認知症高齢者の日常生活での行為の可能性の縮小という点からも問題とされるべきことである（図2.12）．

f. もう1つのデザイン概念－環境行動支援

「もの」を媒介として捉えた老人ホームの居室の状況は，とくにADL程度の低い人や認知症の進んだ人にとってADLや認知症の程度によって生活行為の内容が限定されがちな環境であることを示していた．対して「もの」の環境からみた長年住み続けた自宅は多くの可能性に満ち満ちた場所ということができる（図2.9）．「もの」は，生活活動を映す対象である．ある「もの」の存在は，それを媒介とした生活行為が可能であることも示している．住まいと老人ホームの間には，それぞれの環境が用意する可能性の幅に大きなギャップが存在する傾向がきわめて強い．このギャップを埋めるために「環境のデザイナー」ができることには，どのようなことがあるのだろう．

まず，たくさんの家具や「もの」を持ち込むことがしやすい施設の「形」をデザインすることは，その解決法の1つである．しかし，よいデザインの建物があっても，住み手が十二分に使いこなすことができなくては，効果は望めない．

そこで，人々の環境行動を豊かにすることの専門家の立場から，いま1つ，対象となる個人の環境との関わり，つまり環境行動そのものをサポートすることが考えられる．たとえば，老人ホームに移り住む人に，持っていく「もの」の選択や室内の配置をその人がこれまで培ってきた生活の様式を尊重しながら考え，提案することもその1つである．身体が衰えるなどの状況は，積極的な活動をしづらくし，結果的に，いわば「環境行動の体力」の減退をもたらす．

このような人々に対して，その生活の質の維持と向上を目指した「環境行動支援」をいかにして行うかを考えることもまた，環境デザイナーという職能が果たすべき役割といえる．

実際の場面や「もの」からリアルな生活像を捉えることは，1人ひとりのもつ背景への配慮を可能にし，生活の質の維持向上のための多くの手がかりを私達に与えてくれる． ［古賀紀江］

注1) 観照対象と観賞対象：Csiksentmihalyi 等の研究では，「特別なもの」を対象としており，その場合あげられる contemplation object は Arendt が人間の生活を二分した際の「観照」を意識した精神的な対象をさしている．しかし，この項で紹介する老人ホームの事例では，居室内で観察された所有物すべてを分析の対象としていることから，美的なもの，思い出深いものを見て愛でるよりも広範に「見る対象」を捉えることとし，それらに対して「観賞対象」を用語としてあてることにした．

注2) Katz[9]のADLスケール A：食事，排泄コントロール，移動，トイレの使用，更衣，入浴すべて自立．B：上記1項目以外はすべて自立．C：入浴と他の1項目以外は自立．D：入浴と更衣と他の1項目以外は自立．E：入浴，更衣，トイレの使用と他の1項目以外は自立．F：入浴，更衣，トイレの使用，移動と他の1項目以外は自立．G：6項目すべて介助を要する．H：2項目以上に介助を要するが上に当てはまらない．ADL程度の得点化は，このKatzの6つの行為項目に対して，自立（3点），一部介助（2点），全介助（1点）の点数を合計した得点である．

注3) Barger[11]の認知症スケール：知的障害の程度1：どんな環境においても自立しているが，物忘れのせいで日常の生活はたびたび混乱する．2：慣れた環境においては指導監督なしに適切に振る舞える．3：慣れた環境においても指導監督が必要だが，指示のみで適切に振る舞える．4：指示だけでは適切に振る舞うことができず，介助を要する．5：歩くことができる．生活全般に介助が必要．通常に意味のある会話は成立しない．6：寝たきり，または椅子に座らせることができるのみ．※本調査ではほとんど症状のない人も便宜上「1」としている．

参 考 文 献

1) Lang, Jon : Greation Architectual Theory. The Role of Behavioral Sciences

in Environmental Design : Van Nostrand Reinhold Company Inc. (1987)（高橋鷹志監訳，今井ゆりか訳：建築理論の創造　環境デザインにおける行動科学の役割，鹿島出版会（1992））
2) 山本多喜二：人生移行の発達心理学　第一章　人生移行とは何か（山本多喜二，S. ワップナー編者：人生移行の発達心理学，北大路書房（1995））
3) 大原一興：高齢者居住施設におけるパーソナライゼーション：日本建築学会編　人間―環境系のデザイン，彰国社，pp. 128-145（1997）
4) Toyama, Tadashi : Identity and milieu, The Royal Institute of Technology Stockholm, Sweden (1988)
5) Csikszentmihalyi, Mihaly & Rochberg-Halton, Eugene : Meaning of the Things, Cambridge Univ. Press (1981)
6) Arendt, H : The human condition, University of Chicago Press (1958)（志水速雄訳：人間の条件，筑摩書房（1994），（中央公論社　1973））
7) Koga Toshie, Yokoyama Yurika, Toyama Tadashi, Takahashi Takashi and Tachibana Hiroshi : Environmental Quality of Private Rooms and Resident's Possessions in a Japanese Nursing Home : Toward a New Viewpoint for Environmental Assessment of Nursing Homes, in the proceedings of the 5 th International Symposium for Environment-behavior Studies : Culture, Space, and Quality of Life in Urban Environment, (EBRA 2002), pp. 621-631 (2002)
8) 古賀紀江，外山　義：特別養護老人ホームの危機的移行と環境形成の関わりに関する研究，日本建築学会大会学術講演梗概集，pp. 995-996（1998）
9) Katz, Sidney *et al.* : Studies of Illness in the Aged. The Index of ADL : A Standardized Measure of Biological and Psychosocial Function, *JAMA*, **185**, 914-919 (1963)
10) Goffman, Erving : Frame Analysis. An Essay on the Organization of Experience, Harper & Row (1974)
11) Barger, Eugene : A System for Rating the Severity of Senility, *Journal of the American Geriatrics Society*, **28**-5 (1980)

2.3 時を経て成長する住環境
―マニラ郊外におけるコアハウジングの試み

　現在，日本で建設される住宅の多くは，建設された瞬間に一番質の高いものとなっているようだ．住んでいるうちに，しだいに劣化していき，建設当初の性能を維持・回復するために様々な努力が傾けられるというのが一般的である．逆に，建設されて時を経ながら性能を増していくような建物の計画や住まい方は，なかなか見かけることはない．とくに集合住宅の場合であれば，入居後に行われる増改築といった，居住者自身による住宅の質の改善のための努力は，一般的には住宅の資産価値に対する損耗とみなされたりすることすらある．最近でこそ，コンバージョンなどが注目されつつはあるものの，やはり一般的には住宅は成長・変化するものではないという感覚が，日本では支配的である．

　そこで本項では，フィリピンのマニラ首都圏で，「中・低所得者層でも入手可能な」，「居住者の状況に応じて自ら増築できる」住宅というコンセプトで建設された集合住宅（テラスハウス）の事例をとりあげたい．もちろん，文化的・社会経済的背景の異なるフィリピンの事例が必ずしも今の日本の現状と比較するのに妥当とはいえないが，日本ではあまり実現していない，「時間とともに住環境が変化し，成長していく」ことをあらかじめ計画の射程に入れた事例として位置づけたい（図 2.13）．

a. サイトアンドサービスとコアハウジング

　第三世界の多くの都市では，第 2 次世界大戦後，とくに 1950 年代から，人口の急激な都市への流入とそれに追いつかないインフラストラクチャーの未整備のために，大量のスラム・スクォッター地区[注1] が発生した．これに対し，公共の側からは，スラムクリアランスによる再開発とそれに付随する公営の再開発住宅の建設が精力的に行われた．しかしこうした再開発は，政府にとっての財政的な負担の大きさとともに，従前居住者が権利を他者に売ってしまい，

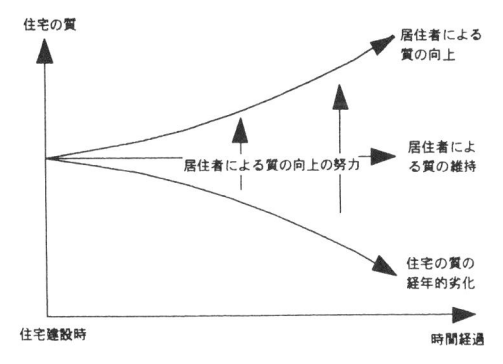

図 2.13 時を経て成長する住宅の概念図

結果として再開発住宅がより所得の多い人々の住宅となってしまうなどの問題を招来した（gentrification）．こうした中，国連調査団のチャールズ・エイブラムス（Charles Abrams）は，スラムクリアランスは貧困者のための住宅ストックを減らし，彼らを都市から追い出そうとするものだと批判し，南アジアで散発的に行われていたサイトアンドサービス（Sites and Services）を有力なハウジングの方式だと評価した[1]．この住宅供給に対する新しいアプローチは，1970 年代前半から各国で広範に受け入れられるようになる．

サイトアンドサービスとは，道路・上下水道・電気などの人間居住に最低限必要なインフラストラクチャーの整備された敷地を供給し，住宅については居住者の自力建設に委ねるという住宅供給方式である．居住者の自力建設を前提としながら，政府にとってはいかに低価格で住宅供給ができるかということが，大きなモチベーションであったことは否めない．

また，コアハウジング（Core Housing）とは，床・壁・屋根・トイレ・キッチンといった最低限必要な設備を施したコアハウスを供給し，入居後に居住者の家族構成や経済状況に応じて，間仕切りを増やしたり，増改築できるようにしたローコストの住宅供給方式であり，サイトアンドサービスとあわせて供給されることも多い．

こうした新たな住宅供給方式に対して，居住者の住宅建設プロセスへの参加という点に価値を置き，居住者の自律的な環境生成能力・環境コントロール能力の重要性を指摘したのが，英国人建築家ジョン・ターナー（John F. Turner）

であった．彼は「Freedom to Build」，「Housing by People」といった本を編み，自力建設によるスラムの住居群が，都市が成長していくプロセスの中で当然出現する自然発生的集落と捉え，スラムの中で行われる居住者自身によるセルフヘルプ（自助努力）に基づく住宅建設・住宅改善の重要性を指摘し，コアハウジングの手法を評価した[2,3]．ここで重要なのは，単に安上がりの住宅をつくるということではない．ターナーが主張したのは，住民にまず土地の所有権や利用権を確保することによって，居住者が安心して住まいづくりのプロセスに参加することを保証し，自ら主体的に住宅の建設や管理を担っていくプロセスの中で，住まいや自分の住むまちに対する愛着や誇りが生まれてくるのだということであった．

b. フリーダムトゥビルド

このターナーの思想に共鳴して，元イエズス会神父であったウィリアム・キース（William J. Keyes）によって，マニラ首都圏の低・中所得者層向けのハウジングを行うために1976年に設立された建設会社が，ターナーの著書名を冠した「フリーダムトゥビルド」（Freedom to Build，以下 F to B と略す）である．

フィリピンでは国民の所得格差が大きく，一般的な民間建設会社は所得階層の上部15%のきわめて富裕な層しかターゲットにしていない．逆に，政府の建設する公的住宅は低所得者層を対象としているが，その供給量は絶対的に不足している．つまり，国民の多くは，自力建設に近い形で住宅を建てているのである．こうした状況のなかで，F to B は事業に対する利益率を10%に抑えることにより，政府から税金に関する優遇措置を認められた公益団体として登録しており，民間のフォーマルな住宅供給市場に参画できない中・低所得者層を対象にした住宅建設を行っているのである．

F to B の最初の事業は，1976年から始まった政府によるスラムクリアランスに伴うサイトアンドサービス事業におけるローコストの資材（規格品）供給とその技術的サポートであったが，1982年より，低・中所得者層（所得階層の35〜60%）を対象とした，デラコスタ・プロジェクト（De La Costa Housing Project）と呼ばれるコアハウジング事業を行うようになった．

c. デラコスタ・プロジェクト

　デラコスタ・プロジェクトは，建設開始より四半世紀を経た現在（2007年）でも継続され，4つの地域が完成し，5つ目の地域が建設中である（**表2.5**）．最初の事業であるデラコスタ・プロジェクトは，マニラ市中心部にも近いアテネオ・デ・マニラ大学の周辺に住む低収入の勤労者に対して行われたが，郊外に位置するその後の一連のプロジェクトでは，入居者を一般募集することになった．

　このプロジェクトでは入居者に対して，市中金利よりかなり低い利率の政府住宅融資を斡旋している．低・中所得者層にとって民間銀行から住宅資金を借りるのは，金利・担保・複雑な手続きの面でかなり難しく，ちょっとしたお金は闇金融から借りることが一般的であるが，この金利は市中金利以上に高い．このように，低利の住宅融資を組み込むことによって，月収の30倍を住宅購入価格の標準とし，低・中所得層にとって支払い可能な額に抑えているのである．また，この事業では入居希望者に対して，(1)一定額以上の月収があること，(2)勤め先が近くにあること，(3)定職に就いていること，という条件を課している．

　この条件を満たしたものはまず，F to Bに対して所得証明等の申請書を提出し，政府の融資条件に該当する者が入居予定者となる．入居予定者は，土曜日に行われるセミナーに原則として夫婦揃って参加し，プロジェクトの理念や，住宅融資の仕組み，入居後の住生活に関する規約などについて学習する．これまでに入居した人々の多くは，学校教員，事務員，公務員，工場労働者などで，以前は，部屋を間借りしたり，不法占拠地に住んだり，他の家族と一緒

表2.5　デラコスタ・プロジェクトの概要
（Ⅴについては2003年現在）

プロジェクト名	建設期間	開発総面積	戸数
デラコスタⅠ	1982–1987	5.2 ha	542戸
デラコスタⅡ	1987–1992	20 ha	2100戸
デラコスタⅢ	1992–1996 1998–1999	14 ha	1728戸
デラコスタⅣ	1996–1998	10 ha	1100戸
デラコスタⅤ	2001–	22 ha	2500戸

にアパートに住んだりしていた人々であった．

以下，このプロジェクトの特徴的な点について述べることにする．

1) 増築を前提とした住宅計画

フィリピンでは所得階層の下位50％を低所得者層と定義し，社会福祉住宅（Social Housing）の入居資格を与えている．この社会福祉住宅に対して，政府では特別に緩和された建築基準を定め，一般に適用される建築法規を緩和した条件で住宅建設を推進している．こうした二重の建築法規によって，中・低所得者層に対するフォーマルな形でのローコスト住宅建設が推進されるのである．このことは逆に，一般の建築基準がいかに非現実的な高水準に設定されているかということをも示している．

デラコスタ・プロジェクトの住宅は，こうした社会福祉住宅用の建築基準に従って建設される．コアハウスには，20 m² から 65 m² までのバリエーションがあるが，最も多く建設されこのプロジェクトのコンセプトをよく反映しているのが，最小面積の 20 m² のタイプである．このタイプの一般的な敷地は，3 m 幅の歩道に面し，間口 5 m 奥行き 13 m の短冊状の 65 m² を 1 区画としている．

建物は，前面の歩道から 2 m セットバックしたところに配され，隣地との共有壁により連続する平屋のテラスハウスである．住宅は，コンクリート床・共有壁・トタン屋根・トイレ・台所流し・配電設備といった最低限の部品によって構成される（図 2.14）．床仕上げ・間仕切り壁・天井などはなく，個々の住戸は家族の拡大等に応じて裏庭や 2 階に自力で増築が可能なように設計してある．

F to B では，最初に供給されるこのコアハウスのことを，スターターハウス（Starter House）とも呼んでいる．キースはこれに関し「我々は，家を売っているわけではない．我々は，住宅建設（Housing）における優良な出発点を売っているのだ．すべての住宅は，増築を想定し増築を促すように配置され，デザインされているのだ」と語る．あらゆるデザインが増築するのに都合のよいように配慮されている．とくに，裏庭に面するコンクリートブロックの壁はあえてつくらず，ベニヤを張ったままの状態で供給される．建築費を抑え

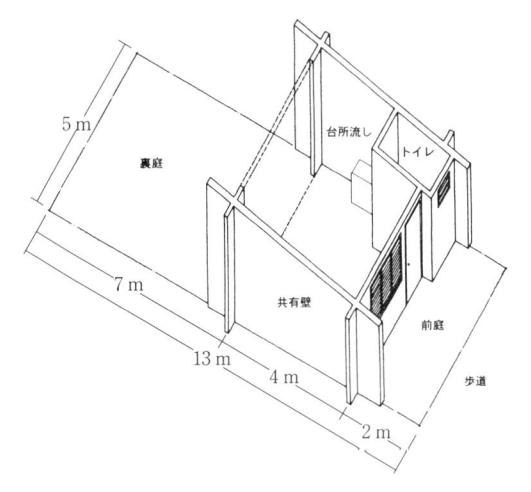

図 2.14　20 m²タイプのコアハウス

るとともに，容易に増築を開始できるようにしているのである．

　トタンの屋根を除き，建物のほとんどは中空コンクリートブロックで構成されている．コンクリートブロックや排水溝の蓋など，プレハブ化できるものは極力現場の工場で生産されている．資材の現場生産はコスト低減・品質管理という面でメリットが大きいのである．また，規格化された材料を用いることにより，未熟練労働者でも容易に建設に参加できるので，建設コストの低減とともに雇用機会の創出という，失業率の高いフィリピンにおける社会的なメリットもある．

　敷地全体の計画は，通過交通の排除を原則としている．F to B では，このような街路計画を，フィッシュスケルトン（Fish Skeleton＝魚の骨のような）と呼んでいる（図 2.15）．魚の背骨に当たる幹線道路は車道となっており，その両脇の歩道に沿って街路樹が植えられている．幹線道路から，小骨に相当する幅員 3 m の歩道が各々の住宅の敷地へ導き，歩道をクルドサック（袋小路）やループ状にすることにより，車の侵入を阻止している．各戸に駐車スペースはなく，幹線道路に面して所々に駐車場が配されている．

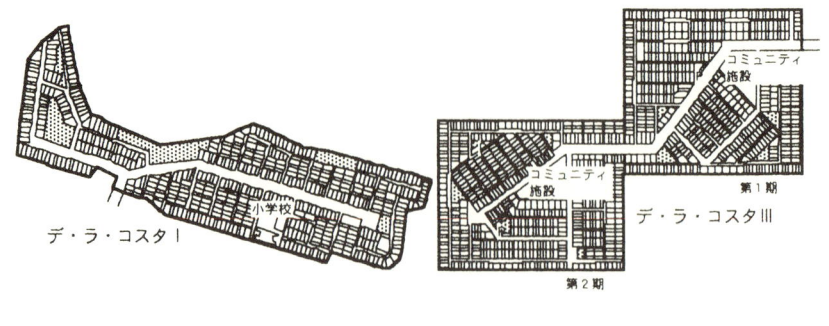

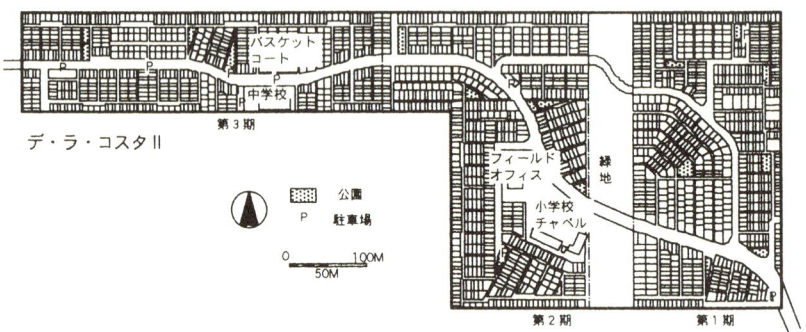

図 2.15 デラコスタ・プロジェクト配置図

2) 増築・住生活に関するガイドライン

入居者は，個々に好き勝手に増改築をしてよいわけではない．デラコスタ・プロジェクトでは，F to B によって居住者に対する様々な形の居住に関するルールが設定されている．

まず，居住者は入居して 6 年間はその権利を F to B 以外の第三者に売ったり貸したりしてはいけないことになっている．これは，社会事業としての住宅供給という事業の目的に照らし合わせて明らかなように，より裕福な社会層が投機目的などのため住宅を取得することを未然に防ぐためである．ただ，すでに 20 数年を経た住宅地では，地価の上昇に伴い徐々に転売されているケースも増えているが，初期のハウジングの目標は概ね達成しているといえるだろう．

増築に関しては，当初一切を居住者の責任に任せていたが，1993 年から増

2.3 時を経て成長する住環境　55

築に関するガイドラインを作成し増築計画書類を F to B に提出することを義務づけるようになった．しかし，実際の細かいやり取りは，後述の事例にみるように当事者同士の調整に委ねられている．

　F to B によって示される増築に関するガイドラインをまとめると，以下のようになる（図 2.16）．

① 区画統合の禁止：隣地を買い取り，2 つ以上の区画を統合して，敷地面積を広げることはできない．
② 塀の設置の制限：敷地前面の塀は，コンクリートブロックなどの不透過性のものは高さ 1.2 m，鉄筋や竹などの透過性のものは 1.8 m を超えてはならない．
③ 敷地前面空地の確保：敷地前面には必ず 2 m の空地を確保しなければなら

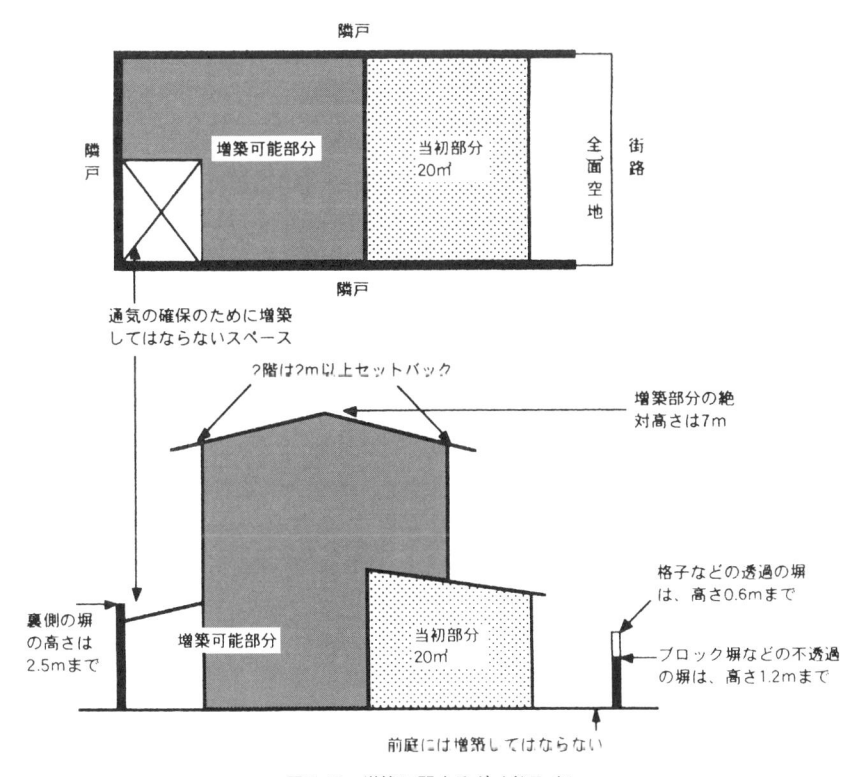

図 2.16　増築に関するガイドライン

ない．（店，ガレージ，雑貨屋などの）いかなる種類の構築物も，前面に建ててはならない．
④ 敷地背面空地の確保：敷地背面にも2mの空地を確保しなければならない．しかし，2m×2.5mの1階建ての増築までは許される．それ以外の部分は，通風等のため空地として残しておかなければならない．
⑤ 増築高さ制限：3階建て以上の増築，高さが7mを超える増築は行ってはならない．裏側の空地への増築は，1階建てかつ高さが2.5m以下に制限される．2階を増築する場合には，2階の前面の壁を1階の壁より2m以上セットバックしなければならない．背面の壁も，敷地境界線より2m以上後退しなければならない．

こうした増築制限の他，F to Bでは以下のような，集住生活に関する基本事項を遵守するように指示している．

① 動物について：家畜・ペットなどの飼育は許可されているが，動物を飼う者は近隣に対する傷害，迷惑，公害などの不便を招かないように，事前に必要な注意を怠ってはならない．
② 商業行為について：サリサリストア（フィリピンで一般的な小規模雑貨店）や類似の商業行為は許可されているが，いかなる理由があろうと，前面空地を使用しての商売は行ってはならない．
③ 公の空地について：公園などの公の空地は個人的に利用することはできない．また，道路の両脇には50cm幅に街路樹が植えられているが，この土地はF to Bの管理下にある（行政に移管できたところは公共所有となっている）．ここでは，居住者が木を植えたりして庭園や芝生として利用することは許されるが，柵や構築物を建てたりして排他的に利用することはできない．

こうした，様々な形での住生活に対する規定は，無秩序な増築や近隣同士のいさかいを事前に防ぐための基本的なルールであり，このルールに違反した場合にはF to Bに権利を返還しなければならない．こうしたガイドラインは住宅，その集積としての住宅地全体が，時を経て変容していくことをあらかじめ見込み全体的な環境形成の在り方を計画的に誘導していくための，ソフトに関する初期条件なのである．日本でいえば，建築協定の制度に近いルールである

が，生活上のルールも織り込まれているところが異なっている．

3) 居住者組織とまちの運営

F to B では住民が住み始めるのと同時に，居住者組合（Home Owners' Association）の組織化を支援し，居住者の住環境に対する自主管理能力を高め自律的なまちの運営の役割を担わせようとしている．この HOA は，アメリカの住宅地における居住者組織の移入であるが，入居者はすべて居住者組合に加入しなければならない．住民は月々に会費を納め，そのお金で上下水道のメンテナンスや植木の手入れを行ったりしている．コミュニティのイベントなども行われる．

また，数十戸を単位としたブロックでは，会費を集めてパーティを開いたり，バスケットコートをつくったりしている．この他に，先に述べた増築・住生活に関するガイドライン以外に各ブロックごとにユニークな取り決めがある．動物を飼うときのより細かいルールや，泥棒が入ったときに笛を吹くなどといったものである．また，居住者組合や F to B からは独立した講（cooporative）の組織を独自につくり，そのお金を子供の病気や家具などの購入に充てたり，増築費用の足しにしているところもある．

一方，F to B の方では，居住者を組織する役割のコミュニティオーガナイザーや違法増築を監視したり街路樹の管理を行うエステートマネージャーなどを，実際に住んでいる居住者の中から雇い，ソフト・ハードの両面で居住者の環境形成を支援している．実際にデラコスタ・プロジェクトでは，規約に違反して3階建ての住宅をつくろうとした世帯に建設中止の指示が出され，F to B に権利を返還した例もある．

このように，デラコスタ・プロジェクトでは，住宅の建設・分譲のみならず，入居後のコミュニティ活動，住環境の維持管理に対して積極的に支援している．居住者が自律的に互いの利害調整を行いつつ住環境を形成・運営するための仕組みが，幾重にも用意されているのである．

d. 個々に成長していく住居

次に，実際に個々の居住者の住みこなしの様子を，調査事例に基づいてみて

みたい．この調査は，1991 年に 20 m² のタイプに入居したデラコスタ・プロジェクトの居住者を対象として 1994 年に行われたものである[注2]．この住居には，3 世代 5 人の家族と，1 人のメイドが住んでいる（図 2.17）．夫はジプニーのドライバーをやっており，副業としてたまに魚を近所に売ったりしている．妻は F to B の帳簿係として働いているが，夫より妻の収入の方が多い．夫婦ともにマニラ首都圏出身で，市内に兄弟や親類が多い．妻はタバコ会社，保険会社に勤めたあと，大学時代の友人の紹介で 1988 年から F to B に勤めるようになった．以前住んでいたところは通勤するのに時間がかかり，近くに川がいくつもあって雨でもないのによく冠水したために，ここに引っ越すことになった．

増築は入居の年の暮に行った．この敷地は裏庭が住宅部分より高くなっていて雨が降ると泥水が家の中に入りこむことがあったので，いっそのこと半地下の居室をつくることになった．作業は人を雇って行い，完成するまでに 2 週間かかった．地下を掘るときに不要な土砂がたくさん出たが，これを隣にあげた

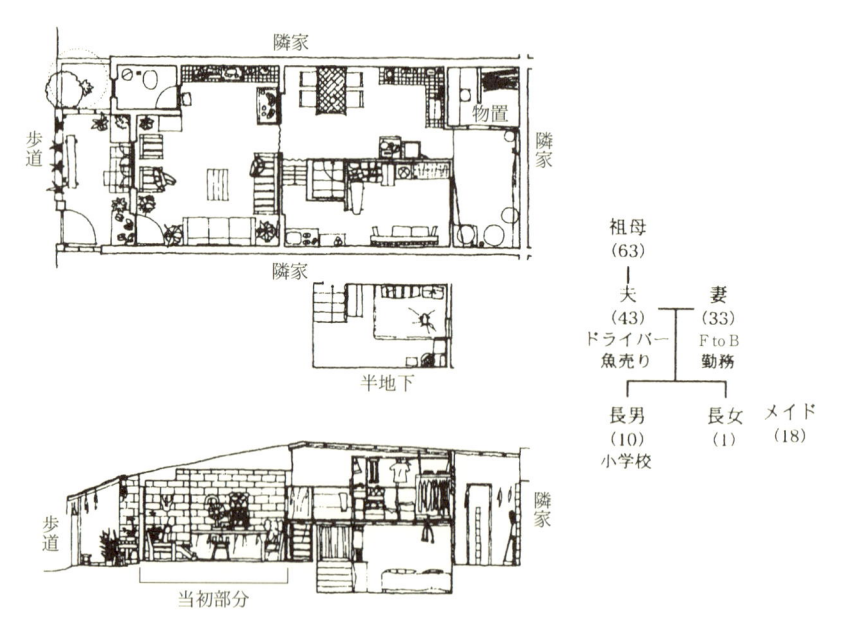

図 2.17　近隣と様々に交渉しつつ増築した例

ら喜ばれたそうである．また，増築部分の部屋の間仕切りは夫が手作りで行い，前庭の塀と庭づくりは市内に住む祖父が1人でやってくれた．

　この家族が増築を始めたときには，両隣と裏の3軒の住宅ではすでに増築を行っていた．したがって，この家族が増築するときは隣家の増築部分の壁を共有して使用するか，敷地の内側にさらに壁をつくり2重壁にするかという選択肢しか残されていなかった．交渉の結果，隣家の壁をつくるのに必要だった費用を折半することになり，向かって左側の家にはすでに費用を支払ったが，右側の家にはお金が足りないので支払いを待ってもらっている状態である．

　ところが，裏の家に面する部分には，前庭側にあるトイレを移設しようとしたのだが，裏の家の増築部分の外壁をそのまま使うのを断られてしまった．そこで，この部分は当面物置さとし，裏の家の外壁の内側にコンクリートブロックを日曜大工で少しずつ積み，2重壁とすることになった．

　F to Bでは前述のように増築に関する物理的な制限をあらかじめ示しているが，実際に増築する場合には，この事例のように近隣との細かいやり取りを処理しなければならない．「増築部分の共用壁については折半しなければならない」といった細かい規定を設定した方が合理的だという側面もあるが，経済状況の異なる隣同士の居住者に同時に費用を負担させることは現実的に困難であることは，この事例が示している．また，増築部分にどのような部屋を配するかによって近隣の対応が変わることも予想される．したがって，増築に関する細かなやりとりを当事者の解決に委ね，その時々の当事者同士の状況に応じて解決していくことが，かえって現実的であるといえる．

　この事例が示すように，デラコスタ・プロジェクトでは完成後わずか数年にして，様々に個々の住宅がそれぞれの家族の状況にあわせて改変されていることがわかる．また，単に増改築を行うだけではなく，いたるところで居住者によって住環境が形成されつつある様子を見ることができる．ペンキを塗ったり，前庭の手入れをしたり，歩道にトタンを敷いてコンクリートを練ってブロック塀を作ったり，土・日曜になると，町のあちこちで「住宅の建設」というよりはまさに「環境の建設」が行われているのである．「週末ごとに成長するまち」ともいえる．

　また，図 2.18 に見るように，初め専用住宅であったところが，ところどこ

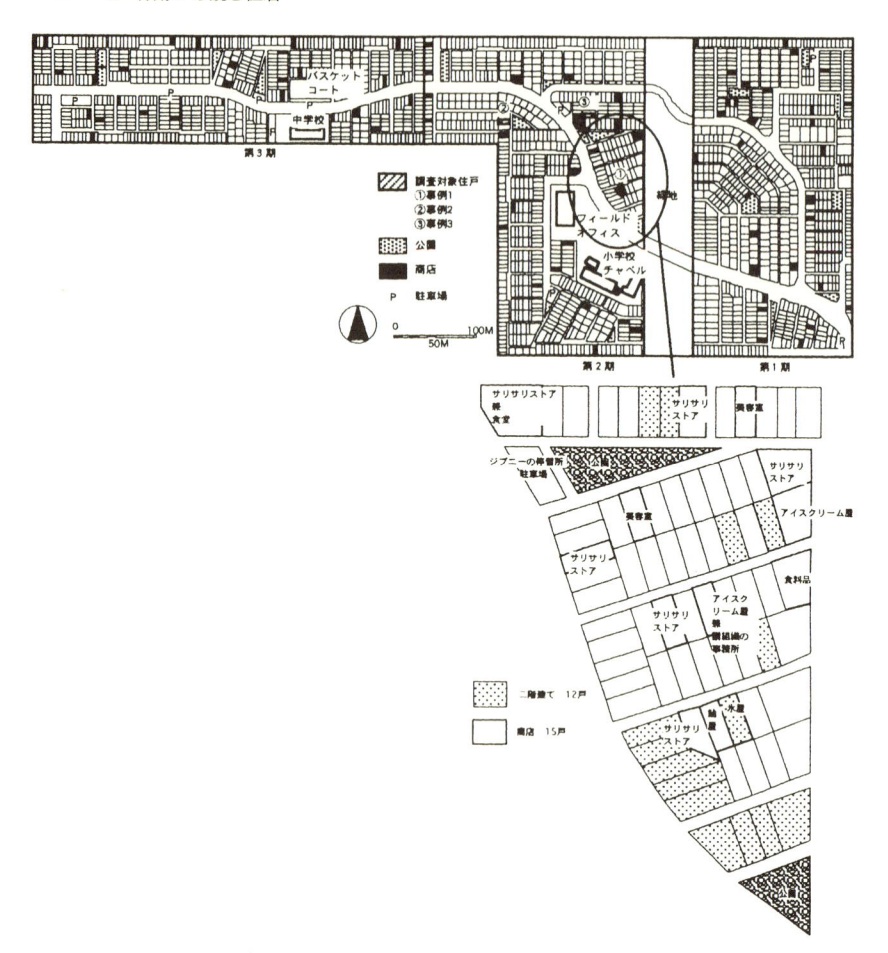

図 2.18　デラコスタの調査住戸および商店の配置とある街区の様子

ろ雑貨屋・美容室・食堂・洋服屋・パン屋・歯医者・診療所などの併用住宅になっているところがある．F to B では，このような住宅以外の用途への転用を認めており，居住者の副収入を保証し生計の向上につながるものとして積極的に支援している．こうして住宅地のあちこちに全体のニーズに従って商店などが自然発生的に生まれ，単なるベッドタウンではない他用途が混在する，「まちらしいまち」がしだいにできあがっているのである．

e. 住宅供給主体の役割と可能性

　フィリピンのような第三世界における民間による中・低所得層向けの住宅供給は，必然的にローコスト住宅の供給にならざるをえず，企業体として供給活動を継続していくためにはF to Bのように公益企業として一定のランニングコストを確保しつつ事業展開を図っていくことが必要である．しかし，冒頭で述べたように，F to Bでは所得階層の35～60%をその対象としており，市場メカニズムの中で持続していくための事業システムでは，最下層の住宅問題の解決にはつながらないことも事実であり，公的支援が急がれなければならない．それでも，わずかずつではあるが，四半世紀にもわたり同一手法で住宅供給を継続してきた事実において，この建設手法の一般性が読み取れると思われる．

　これを建築計画的な側面からみれば，コアハウジングの手法の実践として興味深い．新規の住宅建設事業において，計画に居住予定者の意向を反映させることが一般に困難であることは日本も同様である．しかし，コアハウジングでは，供給後の増改築などによる住民の主体的な環境形成が期待でき，そうした環境形成を広く計画行為と捉えるならば，供給段階の計画を最小限にとどめることにより，住民の計画への参加性が発揮できる仕組みであることにも注目したい．

　もちろんコアハウジングという物理的な手法のみで住環境改善が達成するわけではない．入居時から継続していく居住者の住生活をサポートしていくための様々なシステムが幾重にも用意されてはじめて可能になるのである．つまり，デラコスタ・プロジェクトでは，緩和された建築法規，政府住宅融資，F to Bによる住環境運営のためのガイドライン，近隣レベルでのルールなどといった，いろいろなレベルの条件が整ってはじめて成立しており，さらに本来公共団体が担わなければならない居住サポートサービスまでもその事業の一貫として行っている点が大いに評価できよう．確かに，郊外のわずか数区画に実現した実験的な試みであるかもしれないが，都市部の住環境に悩む膨大な数の人々に一刻も早く住宅を継続的に供拾していく試みとして，今もなお非常に示唆に富む実験であるといえる．

［大月敏雄］

注1) スクォッター（Squatter）とは，一般的に「不法居住者」とも呼ばれ，公有地や私有地に「違法」で居住する人々を指し，彼らが形成する市街地の多くは「スラム」と形容される不良住宅地区である．これに関しては，（穂坂光彦：「アジアの街わたしの住まい」，明石書店，1994）の「私家版用語解説」に詳しい．とくに，アジアのスラム・スクォッター地区の住民主体のハウジングに関しては，以下の文献に詳しい．
・ホルヘ・アンソレーナ，伊従直子，内田雄造，穂坂光彦：居住へのたたかい，明石書店（1987）
・ホルヘ・アンソレーナ，伊従直子：スラムの環境・開発・生活誌，明石書店（1992）
・内田雄造編著：東アジアにおけるスラムの環境改善に関する研究，国際東アジア研究センター（1996）

注2) この調査は，ホルヘ・アンソレーナ，伊依直子，内田雄造，藤井敏信，稲本悦三，小菅寿美子，加藤麻由美，薬袋奈美子，居林昌宏，飯島史恵，白鳥尚子らとの共同で，1993年と1994年に行った「フィリピンにおける低所得者層のハウジングに関する研究」の一環として行ったものである．

参 考 文 献

1) Abrams, Charles: Housing in the Modern World, Faber (1966)
 なお，サイトアンドサービスの初期の適応事例については，Dwyer, D. J.: People and Housing in Third World Cities, Longman (1975)（金坂清則訳：第三世界の都市と住宅，地人書房，1984）に詳しい．
2) Turner, John F. and Ficher, Robert: Freedom to Build, The Macmillan Company (1972)
3) Turner, John F.: Hoosing by People, Panteon Books (1976)

3

行動から読む施設

3.1 子ども達の行動と生活から見た学校環境のあり方

a. 生活の場として見た学校環境と子どもの行動

　子ども達にとって学校は文字どおり学習の場であるが，同時に遊び，読書，食事，交流といった一日の大半を過ごす生活の場でもある．また家族で過ごすプライベートな場が自宅だとすると，学校は教師や同級生，また上級生や下級生との触れ合いを通して社会性を身につけるパブリックな場であるといえる．ゆえに学校を学習・教育の場としてだけでなく広く生活の場としても捉え，学校での子ども達の様々な行動や生活に注目してその環境のあり方を考えていく必要がある．

　学校における学習・生活環境は近年大きく変化してきている．とくに1980年代の半ばより打ち出されてきた教育の個別化・多様化というわが国の教育・施設改革の中で，それまでの一斉指導型の学習だけではなく，個人や小グループで行う個別・グループ学習，学年の複数の教師が協力して行うティーム・ティーチングなどの新しい学習スタイルが登場し，またクラスルームに連続する広々としたオープンスペースや小さなアルコーブやデンなどの新しい学習・生活空間が整備されてきている．こういった新しいタイプの学校は，学習面だけではなく生活面から見ても，子ども達の行動や意識に大きな影響を与えている．とくに空間の開放性や連続性，プライベートやパブリックな場など，空間・場の性質が，子どもの行動領域の形成に大きく関係している．本項ではこれまでに筆者が関わってきた具体的な調査研究の成果も引用しながら，子ども達の行動と生活から見た学校環境のあり方について考えていきたい．

　学校では休み時間もクラスルームの中で友達と遊んだりおしゃべりをしたり，1人で読書や休憩をしたりといった行動がよく見られる．むろん校庭や学校内の様々な場所に遊びに出かけていく子どもも多いが，あくまでも自分達のクラスルームが居場所であり，行動の拠点である．教室に隣接して広々としたオープンスペースをもった様々な学校で子ども達がどのような行動をしているかを調査したことがあったが，ここでも自分達のクラスルームが最大の居場所

図 3.1 オープンスペースが隣接している学校でも友達とのおしゃべりや遊び，1人でいるときなど教室内で居場所になりやすい（本町小学校，横浜市）

図 3.2 オープンスペースから他のクラスの教室を覗き込む子ども達．オープンな環境でもクラスの領域が存在する（本町小学校，横浜市）

になっており，ここを拠点にオープンスペースや廊下などにも頻繁に出かけていくという行動が多く観察された（図 3.1）．さらに興味深かったのは，廊下やオープンスペースといった空間では他のクラスや学年の児童とも交流するが，自分のクラスルーム内に他のクラスや学年の児童が入ることは少ないということだった．ふざけあって他のクラスの児童を自分のクラスルームに引きずりこもうとしたり，ドアを介して廊下側と教室側で違うクラスの児童同士がおしゃべりをしたりといった光景も見られた．子ども達にとっては，自分のクラスルームがそのクラスの児童だけのプライベートな領域であるという意識をもっているのではないかと思われる（図 3.2）．これは教室をはっきりと独立させて設けた在来型の学校でより顕著に見られたが，教室に隣接させて開放的なオープンスペースを設置している学校では，その空間構成によっても子どもが意識する領域性には差異が見られた．

b. 様々なオープンプランスクールと行動領域の広がり

かつて静岡県沼津市にある加藤学園暁秀初等学校という日本で初めてオープンプランを採用した小学校の調査をしたことがある．この学校は通常の教室 4 つ分の大きさの正方形の空間内をクラスルームやオープンスペースとして使い分けていた（図 3.3）．2つから3つのクラスルームが入りそれぞれの場所は決まっていたが，それを仕切る壁はなく，子ども達も他のクラスルームに頻繁に

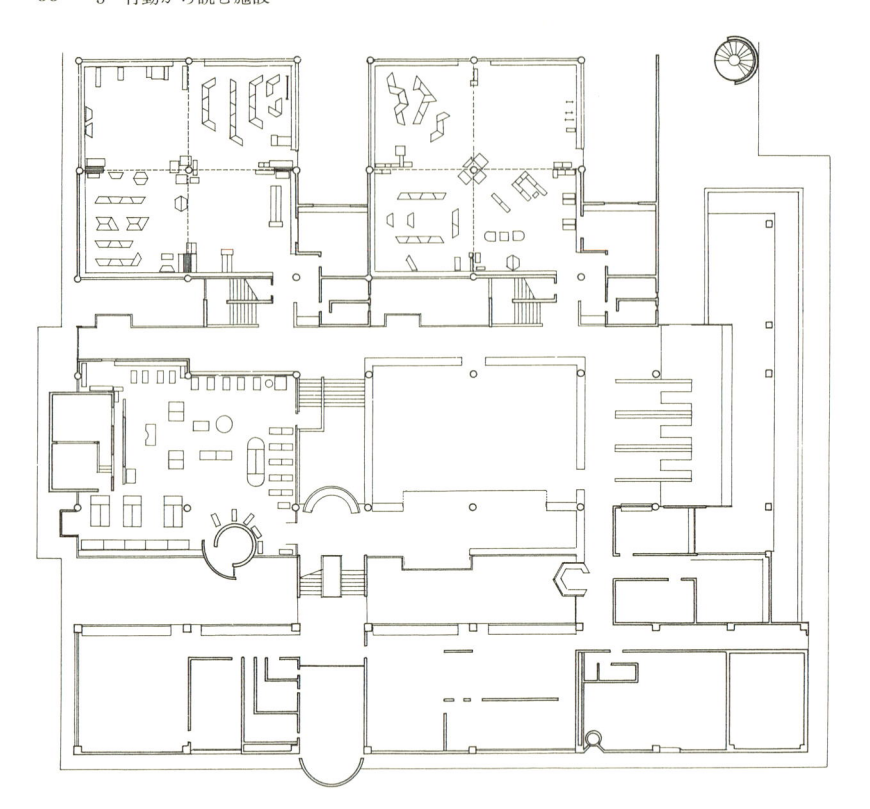

図 3.3 加藤学園暁秀初等学校（静岡県沼津市）1 階平面および校具レイアウト（1990.10 時点）

出入りするなど，あまりクラスの領域を意識していないようであった．またわが国でよく見られるような教室が南側に並び北にオープンスペースが連続して設置されている学校では，オープンスペースが他のクラスの児童の通過動線になるかどうか，また教室とオープンスペースとの間の境界のつくり方によっても子どもの行動領域形成に差異が見られた．教室とオープンスペースの間に壁がある場合やオープンスペースが他のクラスの児童の通過動線になる場合は，オープンスペースは誰でも利用するいわばパブリックな場となりやすいのに対して，教室とオープンスペースの間に壁がなく空間的に一体化されている場合には，オープンスペースの中でも自分達のクラスルーム前の空間がより利用される．つまりそのクラスの領域性が強くなる傾向がある．オープンスペースは

学年ごとにまとまって設けられることが多いが，学校全体もしくは高学年と低学年といった複数学年で共通のオープンスペースを設置する学校もある．横浜市にある本町小学校は学年ごとに設けられたオープンスペース以外に，学校中央に吹き抜けの多目的ホールのユニークな学校である(**図3.4**)．学年が優先的に利用する学年オープンスペースに対して，多目的ホールはどの学年・クラスの児童でも自由に利用できるように計画されている．しかし，調査をしてみるとこの多目的ホールは特定の学年が利用することが多いことがわかった．その学年は多目的ホールにすぐにアクセスでき，また自分達の学年オープンスペースが通過動線となっているために，日常的な学習でも頻繁に多目的ホールを利用していたことがその要因として考えられた．

同じ横浜市にある小規模校，新治小学校である実験をしたことがある．この学校は1学年1クラスの単学級で，3つの学年で同じフロアのオープンスペースを共有している．このオープンスペースは授業中でも休み時間でもそこを共有するクラスの児童が自由に利用することができるようになっていたが，調査をしてみると同じオープンスペースでもクラスによってその利用にかなり偏り

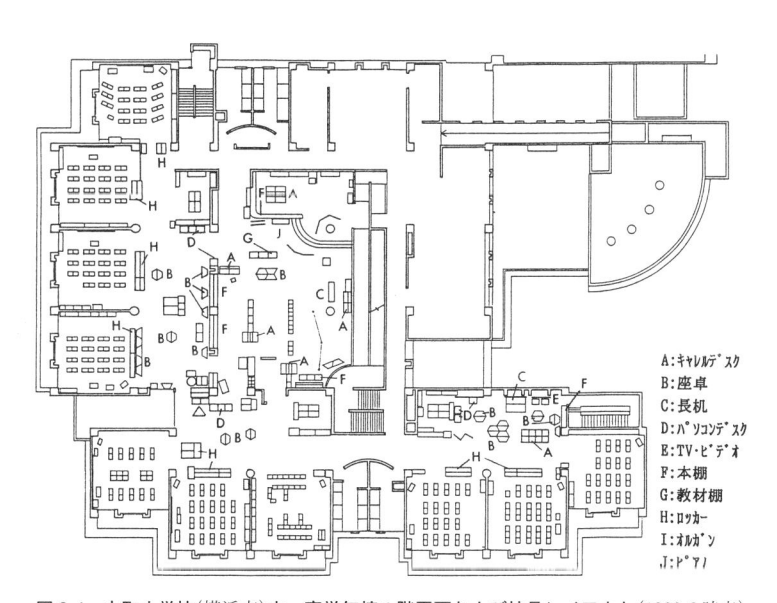

図 3.4　本町小学校(横浜市)中・高学年棟1階平面および校具レイアウト(1990.6時点)

が見られた．そこで最初に各教室とオープンスペースの間についたてや棚など物理的な境界となるものを置かずに空間的に連続させ，さらにオープンスペース内の机や家具をクラスごとに均等に分けて各教室前に配置した (図 3.5)．しばらくして子どもが慣れた頃を見計らって調査したところ，このレイアウトでは授業時や休み時間にオープンスペースを利用する場合に子どもが他のクラスの前のスペースを利用することはほとんどなかった．

　その後しばらくして今度は各教室とオープンスペースの間についたてや本棚などを置いて教室空間の独立性を高め，さらにオープンスペース内は個人学習コーナーやグループ作業コーナー，またパソコンコーナーや休憩コーナーなどはっきりとした学習・生活コーナーを設定した (図 3.6)．このレイアウトでは，クラスに関係なくどこのコーナーも利用され，さらに同じコーナーを異なったクラス・学年の児童が同時に利用する光景も多く見られた．またこのレイアウトではオープンスペースから本棚越しに他のクラスの教室を覗き込むといった行動がしばしば見られたが，これも家具・コーナーの変化によってオープンスペース自体のパブリック性が高まったからだと推測される．このように行動領域は家具の置き方1つでも変化するものであり，空間構成やデザイン，家具のレイアウトや学習・生活コーナー設定に際しては，子どもの行動特性・行

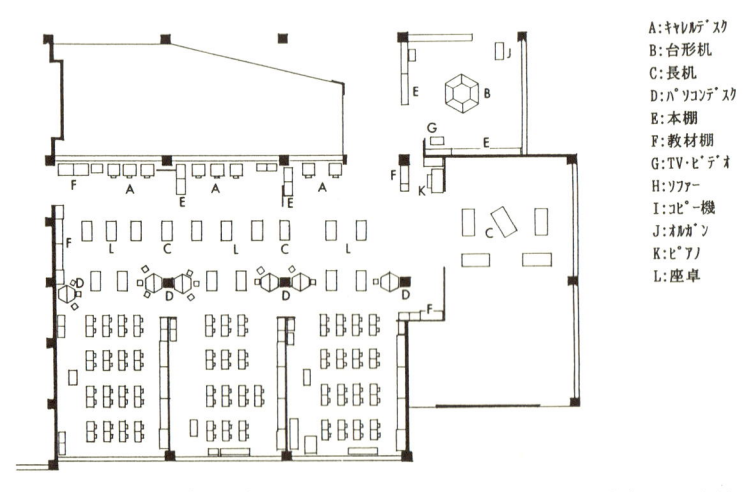

図 3.5　新治小学校（横浜市）レイアウト変更実験—均等校具配置タイプ（1990.6 時点）

A:キャレルデスク
B:台形机
C:長机
D:パソコンデスク
E:本棚
F:教材棚
G:TV・ビデオ
H:ソファー
I:コピー機
J:オルガン
K:ピアノ
L:座卓

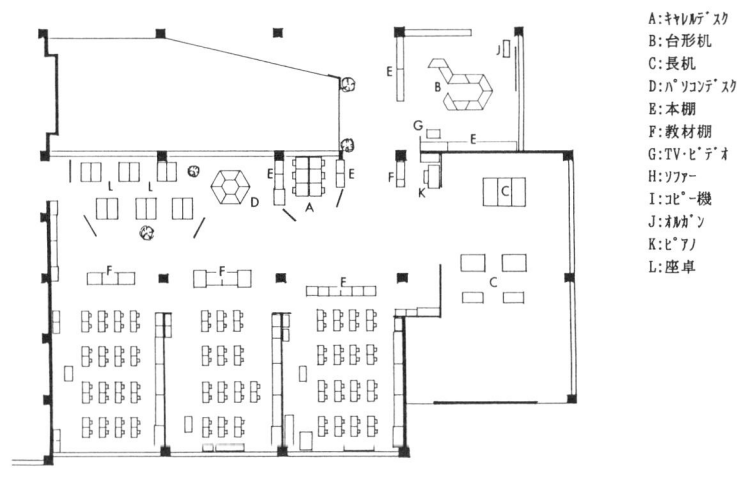

3.1 子ども達の行動と生活から見た学校環境のあり方　69

A: キャレルデスク
B: 台形机
C: 長机
D: パソコンデスク
E: 本棚
F: 教材棚
G: TV・ビデオ
H: ソファー
I: コピー機
J: オルガン
K: ピアノ
L: 座卓

図 3.6　新治小学校（横浜市）レイアウト変更実験—コーナー設定タイプ（1990.6 時点）

動領域を十分に考慮すべきである．

c. 外部に広がっていく行動領域

　通常の学校では昇降口が学校全体で 1 つもしくは低学年と高学年で 2 つといったことが多いが，埼玉県宮代町にある笠原小学校では，クラスルームが学年ごとにまとまっており，それぞれに独立した昇降口が設けられているのが特徴である．ここでは子ども達が，自分達のクラスルームから外部に開放された廊下に出て，そこから個々の昇降口で靴を履き替えて，気軽に芝生の中庭や校庭に出ていくことが可能で，行動領域がクラスルームから自然に外部へと広がっているといえる．この学校で休み時間を中心とした調査を行ったことがあるが，大勢の子ども達が日常的にクラスルーム前の中庭で友人とおしゃべりやゲームをしたり，読書や食事をしたりしていた（**図 3.7**）．一方，昇降口がまとめられている通常の学校では，こういった行動は主に教室内で見られ，外に広がっていくことが少ない．ただ昇降口が近くになくても，上履きのまま出られる舗装された中庭やテラスが教室の近くに設置された学校では，同様の行動がよく見られる．クラスルームから外部空間への自然な行動領域形成を可能にするような，段階的な空間構成が求められよう．

図 3.7 天気が良ければ昼の給食は自分達のクラスルームの前でとることが多い（笠原小学校，埼玉県宮代町）

図 3.8 専用のプレイグラウンドをもつ低学年教室（ソレング・トム小学校，アリゾナ，アメリカ）

ちなみに海外の学校では履き替えを行わないことが多く，子ども達は教室から直接または近くの廊下の出入り口からすぐに校庭に出られるようになっている．アメリカのいくつかの小学校でクラスルーム前の外部空間の使われ方を調査したことがあるが，ほとんどの学校では各クラスルームが専用の出入り口をもっていて，休み時間や授業中でも頻繁に外部との出入りを繰り返していた．アメリカの郊外では平屋建ての校舎が多く，すべての教室は直接外部空間とつながっており，理科の観察や図工の作業，またグループディスカッションなど様々な学習活動で積極的にクラスルーム前の外部空間を活用していた．中にはクラスルーム前のこの外部空間を舗装してテーブルを置くなどして，クラス領域の一部として利用しやすいようにしている学校もある．また低学年では教室に隣接して簡単なフェンスで囲われた専用の遊び場を設けているのが一般的であるが，こういった専用の外部空間は学年単位で設けられることが多い（図3.8）．

わが国でも前述した笠原小学校をはじめ，横浜市の並木第一小学校のように高学年棟と低学年棟を分けてそれぞれ専用の中庭を設けている例，鹿児島県加世田市の加世田小学校のように広い敷地に芝生の中庭を挟みながら校舎群をゆったり配置している例などがある．こういった学校では，休み時間に教室から直接中庭に出てきて遊ぶ大勢の子ども達を見ることができる．学校計画においてはクラス領域が自然に外部に広がっていきやすい平屋や2階建てまでの低層の校舎が理想だが，とくに市街地にある学校では敷地面積が限られるため低層

校舎は難しい．ただしルーフテラスや屋上庭園など立体的に外部空間を確保して活用している学校もある．

d． 学習時や休み時間に見る子ども達の行動と場所

　オープンスペースや多目的スペースなど教室以外に学習スペースを設けている学校では，個別学習の際に子ども達に自由に学習・作業の場所を選ばせることが多い．個別学習が盛んないくつかの学校の調査をしたことがあるが，学習場所の選択に際しては，学習・作業内容やグループの規模もその要因となるが，むしろ他者や他のグループと視覚的・距離的にどのような関係をとりたいかという，心理的要因が関わっていることがわかった．わが国の個別学習のパイオニアである愛知県東浦町の緒川小学校には学年ごとに用意されたオープンスペース以外に，低学年と高学年それぞれ共通の多目的スペースが設置されている．この学校では学年オープンスペースや多目的スペース内で，児童に自由に学習の場所を選ばせて行う授業が多い．

　このときの子ども達の場所の選択やその展開範囲を調査したことがあるが，選択場所としては教室，学年オープンスペース，多目的スペース，机が設置された通路などがあり，またグループは1人，2人から数人のグループ，また個人個人がなんとなく1か所に集まっているような緩やかな集合まで見られた．広々とした多目的スペースにはかなり大勢の子どもが集まり密度が高くなる（賑わいの中心）が，よく見ると男女別，学年別にある程度まとまった領域が形成され，またその中に1人でいる，仲のよい友人同士で集まる（親密なグループ），個人個人が緩やかに集まる（緩やかなグループ）など，様々なタイプのグループが適度な距離を保ちながら形成されていた（図3.9，3.10）．子ども達は1人でいるときも，自分達の領域を守りながらも皆で集まっていたいという心理が働くのではないかと思われる．ちなみにこういった賑わいの中心からは離れたあまり人がいない通路や本棚やついたてで囲われた独立性が高いようなコーナーでは，どちらかというと仲のよい親密なグループが形成されることが多かった．多目的スペースを見下ろす2階の通路もよく利用されていたが，この場所は賑わいの中心からは距離を保ってプライベートな領域となるが，同時に皆の様子を眺めていることができる，つまり視覚的には賑わいの中

図 3.9 個別学習時には多目的スペースには様々な集団が展開する（緒川小学校，愛知県東浦町）

図 3.10 個人個人で場所を確保しながらも全体として緩やかに結びつくグループ（緒川小学校，愛知県東浦町）

心と関係をもつことのできる場所である．

　学習時における子どもの行動領域形成について紹介してきたが，さらに休み時間の自由な行動がどこで発生しているかに注目することで，子どもの行動領域形成についてより詳しく知ることができる．教室やその周辺などの室内での休み時間の行動としては，1人で読書をしたり自習をしたり，また友達とおしゃべりをしたりゲームなどをしたりといった行動が見られる．前述した横浜市の本町小学校の調査では，友達とのおしゃべりは広々としたオープンスペースや多目的スペースより教室内で発生することが多かった（図3.11）．この際はとくに窓際や教室の前方や後方の空きスペースが利用されていた．ただ多目的スペース内で周囲を低い壁や本棚で囲われた図書コーナーや多目的スペースの裏手のあまり人目につかないような場所などでも，友達とのおしゃべりが見られた．一方で，コンピュータを使ったりテレビを見たり，また大きな机で作業やゲームをするなどといった目的や利用する道具がはっきり決まっている行動は，それぞれが用意された専用のコーナーや場において発生していた．

e. 行動と空間・場の相互の関係性

　これまで子ども達の行動領域を中心に空間・場と行動の関係を論じてきたが，ここでは空間・場の物理的な性質や構成要素が具体的にどのような行動に関わっているかに言及したい．学校の中で子ども達は様々な空間・場を工夫しながら，ときにはそこに独自の意味づけをしながら利用している．子どもがあ

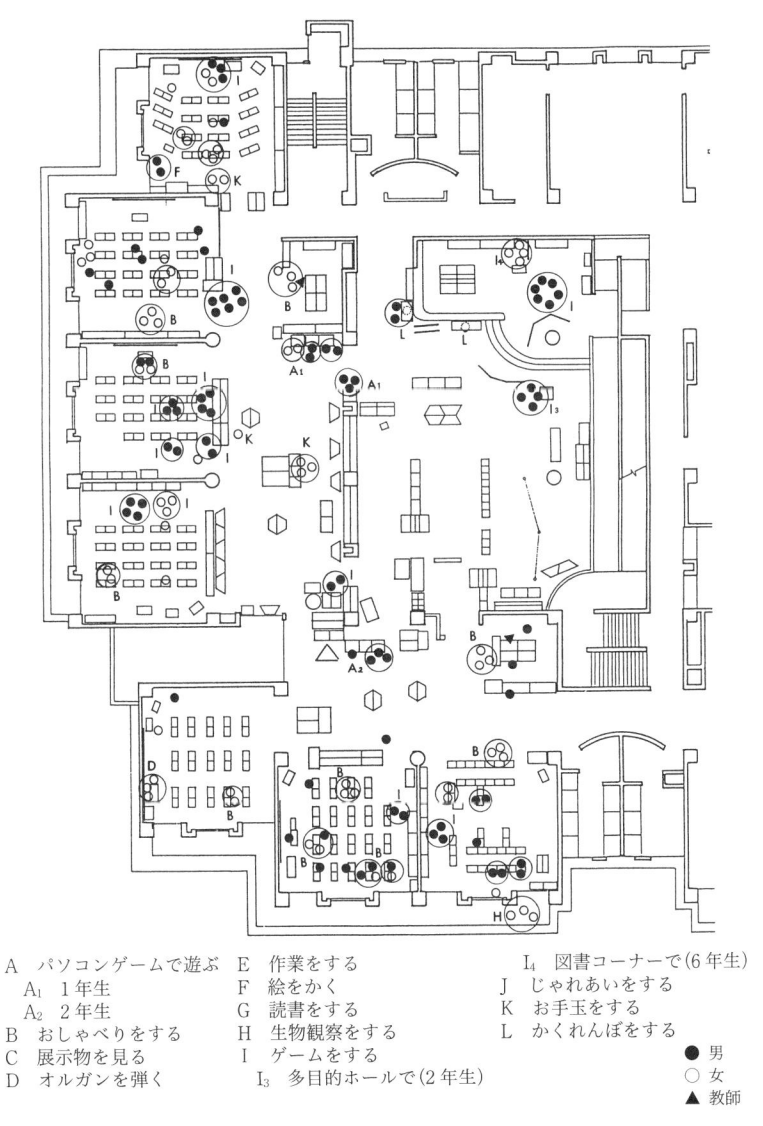

3.1 子ども達の行動と生活から見た学校環境のあり方　73

A　パソコンゲームで遊ぶ　　E　作業をする　　　　　　　I_4　図書コーナーで(6年生)
　A_1　1年生　　　　　　　　F　絵をかく　　　　　　　J　じゃれあいをする
　A_2　2年生　　　　　　　　G　読書をする　　　　　　K　お手玉をする
B　おしゃべりをする　　　　　H　生物観察をする　　　　L　かくれんぼをする
C　展示物を見る　　　　　　　I　ゲームをする　　　　　　　　　　　　　● 男
D　オルガンを弾く　　　　　　　I_3　多目的ホールで(2年生)　　　　　○ 女
　　　　　　　　　　　　　　　　　　　　　　　　　　　　　　　　　▲ 教師

図 3.11　休み時間における子ども達の行動とその発生場所（本町小学校，横浜市：1990.12 時点）

る明確な目的をもって空間・場を利用することもあれば，逆に空間・場の物理的な性質が子どもの特定の行動を誘発させているようなケースもある．

　柱や壁に子どもがもたれかかったり，段差に腰かけたりといった行動はよく見られる．子ども達が集まる場所をよく観察していると単にそこが座ったりもたれかかったりできるだけでなく，眺めがよかったり頻繁に使う動線上にあったり，またプライバシーを守れるなどといった，目的に応じた環境条件も備えていることがわかる．また滑る，ぶら下がる，登る，隠れるなど，子ども達は学校内のいろいろな場所で多様な行動を展開している．たとえば階段の手すりを滑り台にしたり，段差やスロープを活用した遊びをしたり，柱やその他シンボリックなものを中心として鬼ごっこなどをしたり，床の模様を利用した遊びをしたり，学校内では空間や場の物理的な形状や構成要素を工夫した実に多様な行動が見られる（図3.12）．こういった空間・場の遊具的・道具的な利用は大人では思いもつかないようなものもあるが，子どもは社会的な経験が浅いだけに逆に空間・場がもつアフォーダンスにより素直に反応するともいえるのではないだろうか．

　また子ども達が集合する際には，柱や壁，また本棚や教卓などの家具をよりどころとしていることが多い．また仲のよいグループで集まっておしゃべりや遊びをする際に，周囲を机や棚で囲われた場所を選んだり，わざわざ空間の隅を選んだりする．広々としたオープンスペースよりもあえて教室内の前方や後方の机や壁によってできる隙間を選んだりするのも，子ども達が行動領域を形

図3.12　床の模様を活用して陣地とりゲームをする（宮前小学校，東京都）

図3.13　教室とオープンスペースの間の本棚をよりどころにして集合する（新治小学校，横浜市）

成する際に物理的なよりどころを求めようとするからだと思われる．ちなみに先に紹介した新治小学校のレイアウト変更実験では，教室とオープンスペースの間に本棚を設置したら，それ以前はそこに留まる行動がほとんど見られなかったのが，本棚と机の間の隙間に集まってカードゲームをしたり，オープンスペース側の本棚にもたれかかって集まったりといった行動が増えた（図3.13）．これも物理的なよりどころが行動領域形成をうながした事例であるといえる．

f. 子どものデザインに見る空間・場への意識

　新治小学校では行動観察調査以外に3年生と5年生の児童を対象にデザインワークショップを実施した．これはクラスの児童をそれぞれ数人のグループに分けて，あらかじめ用意した模型を使って子ども達自身にオープンスペース内の学習・生活コーナーをデザインさせようというものである．デザイン結果やそのプロセス，またそのときの発言などから，オープンスペースのみならず子ども達が学校空間に対してもつイメージを知ることができた．たとえば，3年生の児童は皆が平等に使えるようにと家具を各教室で均等に割り振る傾向が強く，一方でピアノなど1つしかないようなものをどのクラスの児童も利用しやすいようにあえて教室から離れた場所に置くなどの行為が見られた（図3.14）．一方で5年生は家具をまとめた方がどのクラスも利用できるからという理由で独立性の高いコーナーをつくる傾向が見られた（図3.15）．いずれにせよこういった子ども達の発言や実際の作業結果から，オープンスペース内でも自分達のクラスルームに近い部分ほどそのクラスが優先的に使う領域になりやすいこと，また空間の独立性を高めることで誰でも使いやすくなる，いわばその場のパブリック性が高まりやすいことを子ども達自身が認識しているといえる．これは先に紹介したオープンスペースのレイアウトを変更しての行動観察調査の考察とも一致する．

　またその他注目できる行為としては，主にテストで利用するキャレルデスクの設置場所を決める際に，その間隔を離したり，間についたてを置くなど互いに見られないようにしたり，他人に見られたくないという理由でパソコンコーナーをついたてで囲うなどの操作である．また教室内が落ち着くからという理

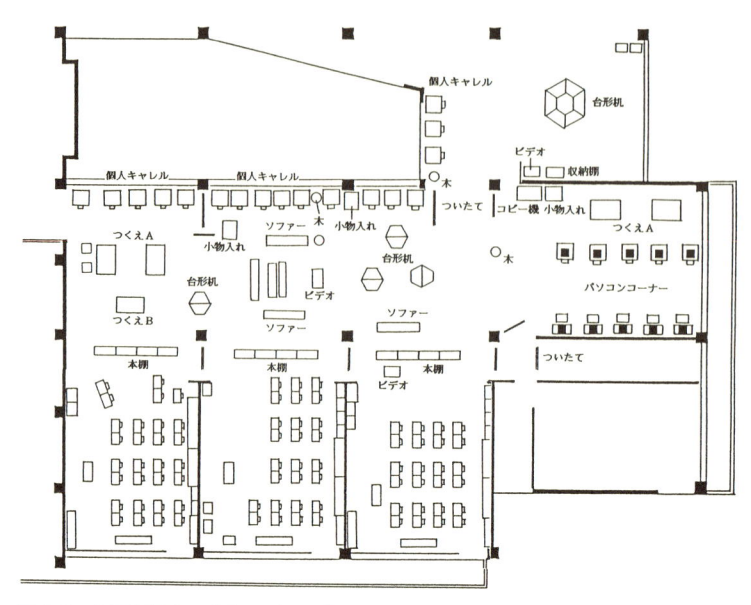

図 3.14 3年生児童のデザイン事例（新治小学校デザインワークショップ 1990.11 実施）

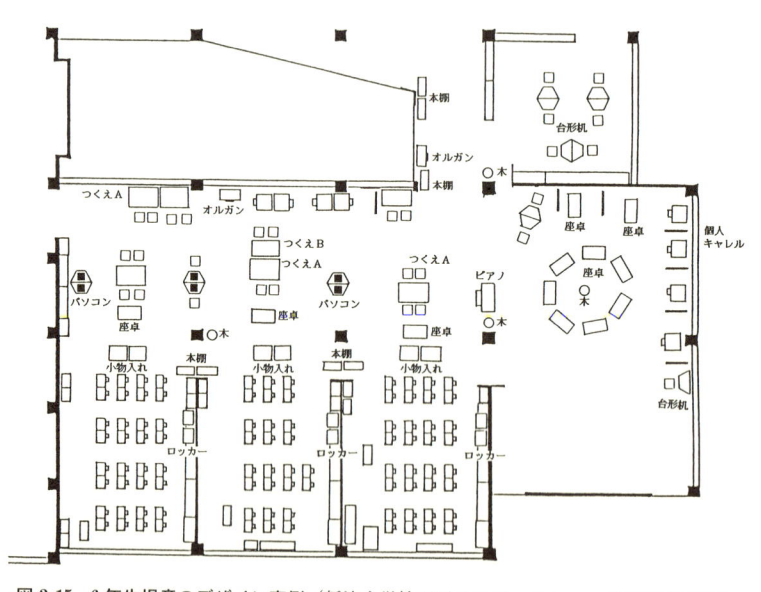

図 3.15 6年生児童のデザイン事例（新治小学校デザインワークショップ 1990.11 実施）

由で教室とオープンスペースの間についたてや本棚を置く，他のクラスの子どもが入りにくいように教室の壁と柱の間についたてや観葉植物を置くなど，他者・他クラスとの関係を強く意識していることがわかった．実際，このデザインワークショップを通じて，この学校の子ども達が日常的に他のクラスや他の子どもの視線や行動領域を意識していることがわかったが，これは教室とオープンスペースの間に壁がないオープンな環境だからこそ培われたとも考えられる．

g. 空間の性質と交流意識

ところでこれまで事例としてあげてきたオープンプランの学校は，他のクラスの授業の様子を外からでも容易に把握できるうえ，比較的抵抗なく互いの教室を行き来できるので，学年間の交流や学校全体の交流が促進されるというのが，計画の大きな理念にもなっている．空間の開放性が実際にどれほど学年・クラスの交流に影響を与えるものなのだろうか？　このことを調べるために，東京都内や横浜市内の在来型の学校からオープンスペースをもつオープンプランの学校まで，空間タイプの異なるいくつかの学校でアンケート・ヒアリング調査を実施したことがある．アンケートの結果では，空間がオープンになっていることと交流の度合いの直接的な相関は見られなかったが，教師へのヒアリングではオープンプランの学校になって，以前に比べて児童の交流が進んだという意見があった．

またアンケート調査により，オープンプランの学校では自分達のクラスルーム前を他のクラスの児童が通ると気になる，在来型の学校ではドアが開いていると気になる，とくにその人数が多いほど気になることがわかった．また一方でオープンプランの学校では，他の学年やクラスの教室の前を通るとき緊張する子どもが多いこともわかった．これらの結果より空間がオープンになることで，他クラス・学年を意識せざるをえない状況になることがわかる．さらにこれが慣れてくることで，在来型の学校に比べてクラスや学年の意識的なバリアも低くなっていくのではないかとも考えられる．

また教師へのヒアリングでは，視線よりはむしろオープンプランによる隣の教室からの騒音の問題を指摘する声が多かった．実際に互いの授業時の声や音

図 3.16 教室からは離れた多目的ホールに移動して一斉テストを行う（加藤学園暁秀初等学校，静岡県沼津市）

に配慮して，音を出す授業は空間を共有する同じクラスが同時に行ったり，テストや朗読の際には他の場所に移動したりしている**(図 3.16)**．ただ一方で子どもに音に関して他者を気遣うことを学ばせるきっかけとしている学校もあった．

　いずれにせよオープンプランといっても教室とオープンスペースの間に何もなくて空間的につながっている場合もあれば，ガラスのパーティションで仕切られている場合や部分的に壁がある場合，また棚など家具が置かれている場合など様々なタイプがある．音の問題に限っていえば天井や床の材質なども騒音のレベルに影響する．音や視線をどこまで遮るのかは，これまで論じてきたように子どもの心理的状況や行動領域に深く関わってくる．これまでのオープンプランの学校に見られるように単純に教室空間を開いたり，逆に従来型の学校のように完全に壁で閉じられた教室空間をつくるのではなく，子どもの行動や心理を十分に考慮した学校環境のあり方を考えていくべきであろう．[柳澤　要]

（注：本項は筆者の学位論文「児童の行動場面から見た空間解析に関する研究（1992年東京大学博士論文）」の内容をわかりやすく書き直したものである）

参 考 文 献

1) 柳澤　要：小学校オープンスペースにおける児童の行動領域形成について，日

本建築学会計画系論文集,第 424 号（1991）
2) 柳澤 要：小学校における物理的環境と児童の相互作用に関する考察,日本建築学会計画系論文集,第 435 号（1992）
3) 柳澤 要,高橋鷹志：児童の空間デザインに見る学校環境に対するイメージに関する研究,日本建築学会計画系論文集,第 436 号（1992）
4) 上野 淳,田辺芳生,柳澤 要：SDS/学校,新日本法規出版（1995）

3.2 患者が認知・体験する医療施設環境

a. はじめに
1) 社会的背景と医療施設

　任意設立・任意加入の制度として存在していた各種の職域保険や地域保険が，1958年の国民健康保険法の全面改正により，1961（昭和36）年には，国民皆保険制度として達成された．すなわちどれだけ多数の患者にサービスできるか，またそれを限られた経費の中でどのように行うかが医療施設に問われることになり，各科に分散して配置されていた施設設備を1か所に集中してまとめ，医療機能の高度化・高機能化に対応すると同時に，効率的運用を図るという視点から中央化が進み，また国民すべてが等しく医療サービスを享受できるようにする一方では，対人口比での十分な病院数や病床数を整備する必要から，各地域に均質で「質の高い」病院が多数建設されることになった．

　研究の分野ではこうした病院の建設に役立てるよう，すべての病院に共通に適用できる建築計画の論理を提供することが主要な課題と考えられた．具体的には，来院する外来患者の地域的分布から，地域施設としての病院の適正な配置のあり方が検討され，患者の病態を考慮して，医療施設の機能分けを行うことなどが提案された．また施設そのものの計画においては，入院期間を短縮することが当時の社会福祉の考え方に沿うものであり，外来患者をいかにさばくか，あるいは清潔と不潔，患者と職員といった動線をいかに分離するか，また病棟でケアを担当する看護師の動線をいかに短くするか，といった機能性・効率性の向上を目的にした課題に対する研究が積み重ねられた．

　当時の社会的背景では，すべての国民が等しくある一定水準の医療や看護を享受できることが主要な価値であり，その点で目標は明確であった．しかし医療の技術や手法あるいは装置等の高度化と高額化は，こうした広く国民の社会保障を実現するための施設整備の速度をはるかに上回り，以前から存在し，また指摘されていたことであるが，ここにきて必然的に医療施設の機能分化が求められることとなった．自由診療を原則とする日本の医療制度のもとでは，こ

れらの機能分化は医療施設の差別化として表出し，医療機能の高度化を目指す病院が存在する一方で，消費者としての患者をより多数受け入れようと，施設環境の整備やサービスに力点を置く病院が現れ始めた．

実践の場面では，限られた総事業費の中で医療の高機能・高度化にどれだけ投資するのか，また一方で患者のアメニティーにどれだけの投資をするのか，が2項対立的な課題として捉えられていたが，研究の分野では，分散便所の実現を目的とした研究に代表されるように，患者の生活関連諸施設を整えることが早期離床に結びつき，その結果個々の医業収益はもちろんのこと，広く社会保障の効率性にも寄与しうるといった筋立ての，いわば患者の生活機能の向上と早期離床や収益あるいは効率性などとの関わりといった，設計者と医療従事者の間に展開される議論に役立たせるような，実践の場面を強く意識した課題に関心が向けられた．

経済的豊かさの増大が手伝って，医療施設環境の生活上の機能性も着実に向上していくことにはなったが，その一方で，これまでは水面下にあった消費者としての患者の権利が不在であることへの批判が表面化してくることになり，広く国民の社会保障を実現するための施設としての病院のあり方が，あらためて問われ始めている．ここに現在医療施設が置かれている社会的背景がある．

2) 患者の視点

病気を治療するという医療の基本的役割は，こうした背景のもとで，どういう風に治るかといった枠組にまで意識を広げなければならなくなった．つまり患者が自分自身の価値観に基づいて治療方法を決定する，いわゆるプレインツリー運動やインフォームドコンセントの実現，あるいはホスピスへの期待に象徴される課題である．施設環境においても同様に，患者は病院で療養するという1つの価値のみで入院・通院生活を送っているのではないということに，設計者や建築計画研究者は視野を広げなくてはならなくなった．これまでは，設計者あるいは研究者の目標とすべき価値はむしろ明確であったともいえるが，現在においては，医療施設という環境の中で患者が描いている多様な価値（目標）そのものを見出すことが必要になっているのである．

かねてより，患者の立場に立つ（患者の視点で考える）ことは設計者・研究

者の役回りとされていたが，実際には「患者の視点」なるものは一般の「人間」の視点とどう異なっているのか等々，その多くは明らかにはされていなかったように思われる．短期間滞在しそこで生活する，という点だけでホテルとの類似性を見出し，これを無批判によしとするアメニティー論議がそのことを裏づけている．「患者」の視点とは何かを直接に議論することは困難であるが，この項では医療施設という環境の中で患者がやむなく（短期間ではあるが）滞在し生活するという現象を，患者自身の行動や認知を通してその意味するところ読み解くことと理解して述べていくことにしたい．

b. 入院生活の認知と行動様態

ここでは，高　商均の論文[1)]をもとにしてある患者が入院してから退院するまでの間，どのように行動様態や環境に対する認知が継続的に変わっていくのかを示し，病院の中で見られるいわゆる「患者（人間）」，「病院（環境）」関係を考察する．

1) 入院生活場面の事例

① Eさん（62歳・女性・乳ガン）：手術のために入院してきたEさんは，同年輩であることや同様の病気での入院のために同室者との人間関係が良好で，"手術に関すること等を教えてもらったり，手術前日には同室者の案内で上階に夜景を見に行ったり，富士山を眺めに行ったりした"．手術直後は行動範囲が狭く，リハビリを兼ねて病室周辺の廊下を行き来するだけであったが，病室の外にある洗面所やトイレを利用するとき，あるいは病室前の廊下から外を眺めているときなどに他病室の患者とも挨拶を交わすようになる．その後さらに，カテーテルと点滴がとれ，散歩・お湯汲み・デイルームの冷蔵庫やテレビの利用などが多くなり，"遠く離れた病室にまで知り合いができ，声をかけあって一緒にデイルームでお茶を飲んだりする仲になった"と話している．一方病室の中では，術後の症状回復とともに，読書・折紙・ベッドまわりでの体操をはじめとし，同室患者と話しを交わしたり，お茶を飲んだりする様子が見られるようになる．Eさんは"自分のベッドまわりが一番落ち着く"と言う（図3.17）．

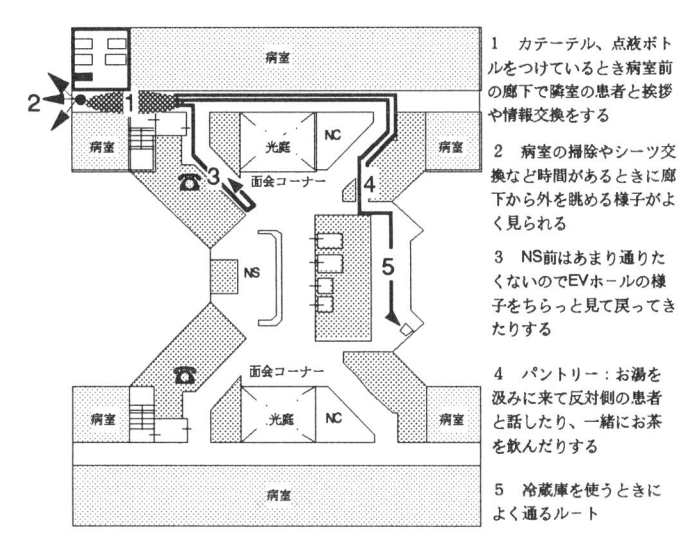

3.2 患者が認知・体験する医療施設環境　83

1　カテーテル、点液ボトルをつけているとき病室前の廊下で隣室の患者と挨拶や情報交換をする

2　病室の掃除やシーツ交換など時間があるときに廊下から外を眺める様子がよく見られる

3　NS前はあまり通りたくないのでEVホールの様子をちらっと見て戻ってきたりする

4　パントリー：お湯を汲みに来て反対側の患者と話したり、一緒にお茶を飲んだりする

5　冷蔵庫を使うときによく通るルート

図3.17　Eさんの行動（回復期）

②　Mさん（48歳・女性・頸部脊椎神経症）：整形外科的な疾患で入院することになったMさんは，その当初は5床室の3床並びの真ん中のベッドに場所を占めることになり，"閉じこめられた気がして眠れなかった"と話している．その後同室の1人が退院することになったので，窓際のベッドに移り，やっと落ち着くようになった．病室では"ベッド上で牽引する時間を努めて増やすようにしている"というが，その一方でベッドまわりの物の整理や食後にお茶を飲みながら同室の患者と会話をし，またお湯汲みや電話をかけにいくなど，病室の外にも数多くの行動の展開が見られる．

入院当初には"ロビーのようにくつろげる場所"として感じていた面会コーナーだったが，その後NS（ナースステーション）が気になり始め，家族との親密な話などは，NSから目の届かないデイルームを利用するようになった．また朝食前に，同室の患者とお湯を汲みにデイルームに行き，日の出を眺めたりテレビを見ながらお茶を飲む回数が増える．デイルームから見える病院の外を通る人達の様子を見て，その日の「外界」の雰囲気を想像するのが楽しみになる．

入院当初は，隣接病棟側の電話を使い始めたが，"NS前を通ることが気に

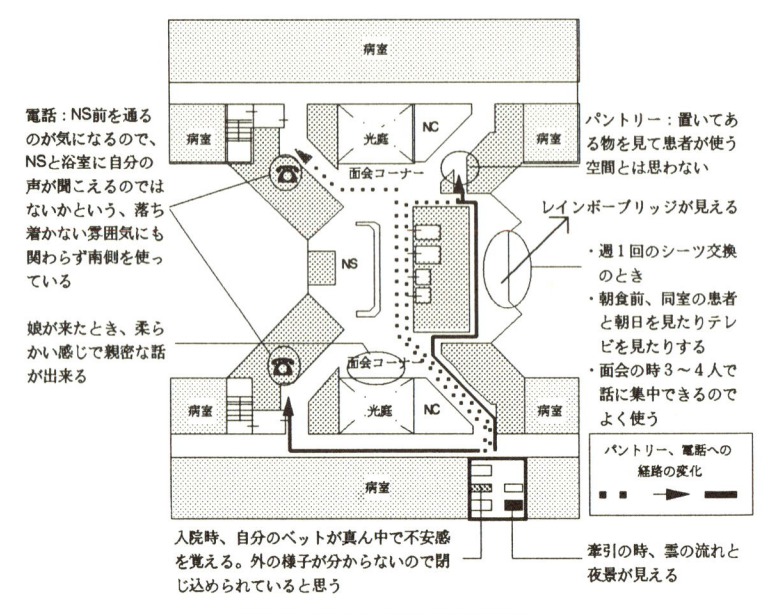

電話：NSを前を通るのが気になるので、NSと浴室に自分の声が聞こえるのではないかという、落ち着かない雰囲気にも関わらず南側を使っている

パントリー：置いてある物を見て患者が使う空間とは思わない

レインボーブリッジが見える
・週1回のシーツ交換のとき
・朝食前、同室の患者と朝日を見たりテレビを見たりする
・面会の時3〜4人で話に集中できるのでよく使う

娘が来たとき、柔らかい感じで親密な話が出来る

入院時、自分のベットが真ん中で不安感を覚える。外の様子が分からないので閉じ込められていると思う

牽引の時、雲の流れと夜景が見える

パントリー、電話への経路の変化

図 3.18　M さんの行動と経路の変化

なり始め"，自身の病棟にある電話を声を低くして使うようになったという．同様に，湯沸かしコーナーまでの道筋も，当初は NS 前を通っていたが，デイルーム側を通るようになる（図 3.18）．

2) 患者の認知や行動の経日的変化

このように患者は，偶発的事故や病気のために，慣れ親しんだ家族や同僚からあるいは住宅や職場から離れ，医療者あるいは他の入院患者に取り巻かれた病院という環境の中に身を置くことを余儀なくされるが，こうした環境移行に伴って，多くの患者はいくつかの特徴的な経緯をたどって環境を再体制化していることが，これらの事例から読みとれる．以下にその特徴をまとめてみたい．

● 確認・確定の行動様態

病院に入院すると，患者はパジャマに着替えすぐに看護師から病棟の諸施設

の位置や使い方，あるいは生活上の規則等について説明を受ける．またその場所へ案内されたり，渡された入院案内等のパンフレットを読むことで，病院内で利用できる施設・設備や場所等について知ることになる．ここで患者が得た情報は，病院の職員あるいは建物の設計者が想定したシステムを含めた利用規則であり，つまり管理された情報である．しかし患者は，定められた日課を過ごしているときであっても，またそれが偶然であっても，結果として様々に探索的に行動し，あるモノを使って良いのか・悪いのか，あるいは行ってもいい場所なのか・いけないのか，等の情報を得ているのである．これらは，患者同士の会話の中で語られたり，また患者自身の体験によって得られているわけだが，このように患者は，常に管理する側からの情報以外のすべてを意味するいわば管理されない情報を，患者自身の働きかけによって得ることで，社会的・物理的環境の存在を確認し，病院という環境を意識上に確定している．

●患者役割の行動様態

　入院生活が始まると，患者は自分自身の行動を患者としての役割に照らして判断するようになる．すなわち，普段日常的に行っていたことでも，管理の目としての象徴的意味をもつ NS を意識し，患者としてやってはいけないと考えるのである．このように「周囲の人々がその人を病人扱いし，本人もそれに納得してその役割を引き受ける（波平）[2]」といった患者役割の行動は，管理されているという意識のもとで患者自身が考えている規範に従って生じているとみられる．つまり実際には病院で歩き回ることが規制されているわけではなく，またどこの電話を使っても構わないのであり，むしろ看護師の方が，患者のプライバシーをいかにして守るかに気を使っている．

●想定された目的以外で施設・設備を利用する行動様態

　病院職員あるいは設計者が，ある機能や使われ方等を想定して設けられた環境が，実際には患者個々人で異なった目的や方法で使われるといった行動を見ることができる．すなわち話の内容や面会人数，あるいは家族や職場の上司といった面会する相手の違いにより，面会コーナーとデイルームを使い分けている例や，看護単位内の1か所に設けられている電話を使わずに，話の内容によ

っては外来や中央診療部あるいは隣のものを利用する例，さらに看護単位内に置かれた冷蔵庫を使わず隣の看護単位用に設けられている冷蔵庫を使う例などである．デイルームの両側には，各看護単位に対応してそれぞれ冷蔵庫が置かれているが，どちらを使うべきかの規則はなく，もちろんデイルームを面会に使ってはいけないという規則もない．このように患者は空間やモノに込められている暗黙のルールを了解し，そのルールのとおりにそれらを使っているが，日を経るにつれてこうしたルールと異なる使い方をするようになる．

　病院職員や設計者は，ある用途に対してある空間を対応させ，またある単位に対応させていくつか適当な数の設備や備品を設ける，といった操作をしている．入院の当初にはその期待のとおりに利用されるのだが，患者役割に反しているといった患者自身の意識や，後に述べる匿名性の中に身を置きたいという意識等から，こうしたルールと異なる使い方が生じ，あるいは患者自身が得た種々の情報から，より適切なところとして認知された場所を知ることによっても，同様に使い分けが行われることになっている（**図 3.19**）．

●使い分けのパターン（実際の患者の行動）

1）同一空間を時間や領有の状況により使い分ける

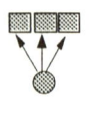

2）同一機能をもつ複数の空間を状況により使い分ける

3）状況により、空間の機能を転用することで使い分ける

●空間機能の分化（管理者や設計者の思惑）

行動の目的と空間の機能が対応した使われ方

□：空間や場所の機能　　○：行動の目的

図 3.19　使い分けのパターン

●匿名性に基づく行動様態

先に述べたように，想定と異なる行動の中にはいわば匿名的に行動したいという患者の意識に帰因していると考えられるものもある．これは患者役割行動に対する回避的行動とも解釈できる．具体的には，夜遅くまで眠れないときに，1人になりたくなって誰もいないデイルームを訪れたが，NSが気になって誰もいない外来を訪れるようになった例がこうした行動様態に当たる．

入院患者自身が，管理されていると意識している領域を離れたところで，あるモノを利用したりそこに滞在するという行動は，ある状況から離れたいあるいは1人になりたいときに，静かな誰もいないところばかりでなく外来や診療部門などのように大勢の他人がいる場所でも見られる．ウエスティン（A. Westine）[3)]は，プライバシーを得られる状態を①独居（Solitude），②親密（Intimacy），③匿名（Anonymity），④確保（Reserve）と定義している．独居でいることが不可能な多床室の患者，あるいは仮に個室であっても一歩部屋を出れば，病棟の中では自分が特定されてしまう環境の中にいるよりは，かえって外来待合いのような匿名的な状態の中にいる方が，プライバシーを獲得しやすいと考えているのであろう（図3.20）．

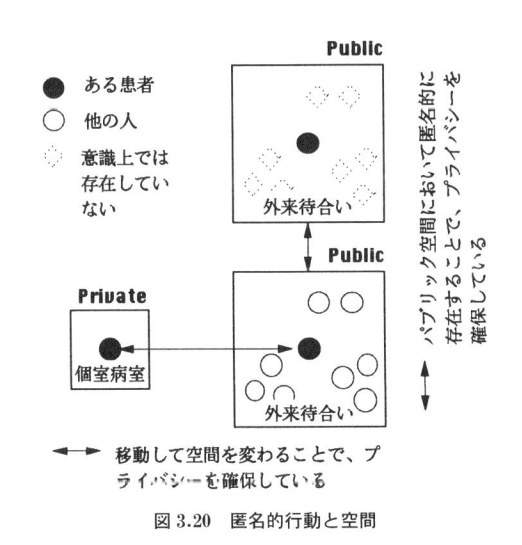

図3.20　匿名的行動と空間

●場所やことを意味づける行動様態

　繰り返して通ることや，そこでの体験をとおして，その場所に対する意味づけが起こっている．すなわち，自分のベッドまわりや病室の入口のところが主な行動範囲だったが，患者同士の知り合いが増えることで，デイルームで一緒にお茶を飲んで会話を楽しむのが日課になったり，最初は立ち寄らなかったが，毎日リハビリのときに通ることで2階の吹き抜けコーナーから1階の外来の様子を見下ろすのが楽しみになったり，あるいは直接外の空気に触れられないのでわからなかったその日の外の様子が，面会客の見送りのときに1階の玄関まで行くと外の寒さなどが感じられたり，毎朝お湯汲みに行くときに立ち寄ったデイルームから朝日が奇麗に見え，また駅に向かう通行人の姿で外の様子を予測できるようになったこと，等のように，限られた環境における生活パターンの中でも，患者自身の環境への働きかけを通して種々の場所で展開している出来事を知るようになる等，日を経るにつれて様々な情報が増え，患者は病院内のいくつかの場所やことがらに個人的な意味を見出している様子がうかがえる．

3) 環境の再体制化と建築計画

　患者の行動はいわゆる患者役割に基づくものであり，また入院時に病院側から与えられる「管理された情報」がもとになってはいるが，入院後日を経るにつれて様々なきっかけで病院内の新しい空間やモノの存在を認知し，それらの特徴を患者それぞれの意識の中に確定していく．こうした患者としての役割意識との相互作用から，検査や手術あるいはその後の回復期・リハビリテーションの期間等といった時々の状態に応じて，空間やモノが使い分けられることになる．結果として，想定された機能やルールとは異なる目的や方法で，患者個々人は空間やモノを利用することも少なくない．

　また一方，それらの空間やモノに付随する種々の出来事等が，個々の患者にとっては特定の意味をもち，病院という新しい環境での生活を豊かなものとしているのである．すなわち，患者のこうした行動様態や認知は，空間を意識上で秩序化することや，新たな材料を既存の論理的枠組に組み込もうとすること，さらにはある材料を統合的な単位として組み込めるような何か新たな論理

3.2 患者が認知・体験する医療施設環境　89

的枠組を作り出すこと，と定義される体制化（ロフタス，G. R. Loftus，E. F. Laftus）[4]）という操作を，病院という環境について改めて行っている再体制化の過程として理解できる**（図 3.21）**．この点に目を向けたときに，建築計画におけるいくつかの具体的課題が挙がってくる．すなわち，

① 病院の計画・設計の段階で，一意的あるいは断片的に想定したストーリーによって決められた用途や機能をもった空間やモノが，実際には，患者が新しい環境を再体制化していく過程に応じて多様に使い分けられていること．

② 人と顔を会わせたくない，自分の存在を意識されたくない，あるいは患者役割に反していると意識しているときに，その行動を見られたくないという状況にある患者が，無人になった外来待合いにいわば閉じこもったり，外来診療時間内で大勢の外来患者がいる中に匿名的に存在することで，プライバシーを確保していること．

③ 単に庭の樹木や空の様子を見ているというだけではなく，外界と隔絶した人工的環境に閉じ込められた患者が，外の人々の活動を見て社会との連帯感を失わないとか，人々の服装によって外界の気温・季節をうかがい知るなど，多くの意味をもって外を見ていること．

④ 看護の拠点としての NS は病棟の要石ではあるが，ある時点から患者にとっては自分達が管理される見張り台という印象で捉えられている．つまり患

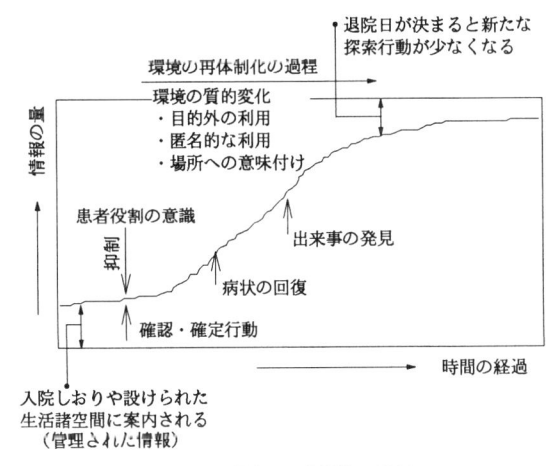

図 3.21　環境の再体制化の過程

者の病態の変化に伴って，患者の意識の中でNSの意味が変化していること．
⑤ 患者個々人が好きなときに参加でき，あるいはそこで待っていれば期待どおりにコミュニティーが形成できるような場所が，それぞれの患者の生活に位置づけられていること．

等である．

　これまで病院の建築においては，ある医療上の機能をもった空間（部屋）がその機能を十分に発揮するよう計画することがすべてに優先する課題であり，患者が生活する空間についても，そこを管理する看護師が監視しやすいように，また患者のある限定した目的に対応する空間を設ける，ということにのみ設計者・研究者は専念してきたきらいがある．上述した種々の課題の意味するところは，少なくとも患者が行動できるあらゆる場所，とりわけホールや通路を含めた必ずしも室名のない無名のスペースをこそ計画の対象にしなければならないということを示唆しているものと考えられる．また同時にその計画のあり方は，患者が，どういう状況でどういう風にそこにいたいのか，ということについて考慮しなければならない．少なくとも上述した状況に配慮するだけでも，病院での定形化したあるいは静養だけが暗黙の了解になっている入院生活に豊かさを与えるように思われる．

c. 病室空間の認知の構図

　病室空間は，これまで治療のための空間として考えられるきらいがあり，入院生活を送る患者の生活の拠点として設えられることは少なかった．しかし実際は，患者は時々の状況に応じて病床まわりの環境を「自分の場」として様々に整えており，患者自身の多様な環境への働きかけ（物の置き方や収納の仕方，あるいはカーテンや扉・窓などの開閉の加減，姿勢や向きの取り方等々）が見られる．ここでは，野田章子[5]の論文による病院での数名の患者のベッドまわりの継続的観察結果を題材として，病床まわりといういわば患者の個人空間の特徴について示したい．

1) 物それ自身の特性と扱われ方
●コントロールのされ方

物には，それが誰の所有か，誰が使うのか，それを使用する目的や頻度がどれぐらいか，あるいは誰が主体的にそれを移動させたり収納したりしているか（以下コントロールと呼ぶ）といった側面がある．当然ながら生活自立度が低い，中でも様々なカテーテル類が挿入されたベッド上生活患者のベッドまわり空間には，看護師がコントロールしている物の数が多くなり，生活自立度が高くほとんど制限のない患者のまわりには，自分自身でコントロールする物が多くなる（図3.22）．もちろん物の使用目的や頻度が，その置かれ方や収納のされ方に関わり，使用頻度の多い物は床頭台上に置かれる傾向があり，床頭台内では手前に置かれ，さらに自分自身でコントロールしている物は複数の人にコントロールされている物に比べ身近に置かれやすい．

しかし一方で，体温計は病院からの支給品であっても患者自身がコントロールする傾向にあり，これに対して金盥つぼは看護師がコントロールしている．また同様に洗顔タオルは，ベッド上での生活を強いられる生活自立度が低い患者でも，これを他の人が取り扱うことはほとんどなく，患者自身がコントロールしている．そのタオルは使用すると濡れる物でありながら，床頭台のタオル掛けをベッド側にしてそこに掛けている．つまり日常生活用品の中には，入院

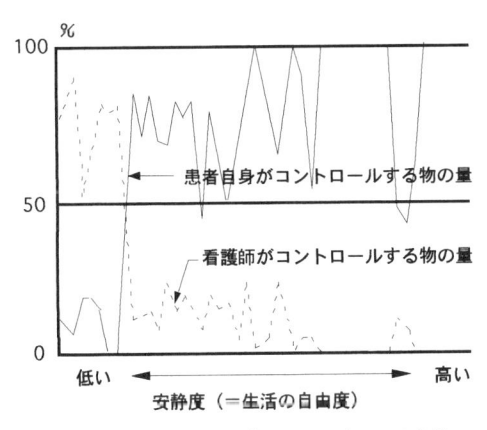

図3.22　安静度の高低と物品のコントロール主体

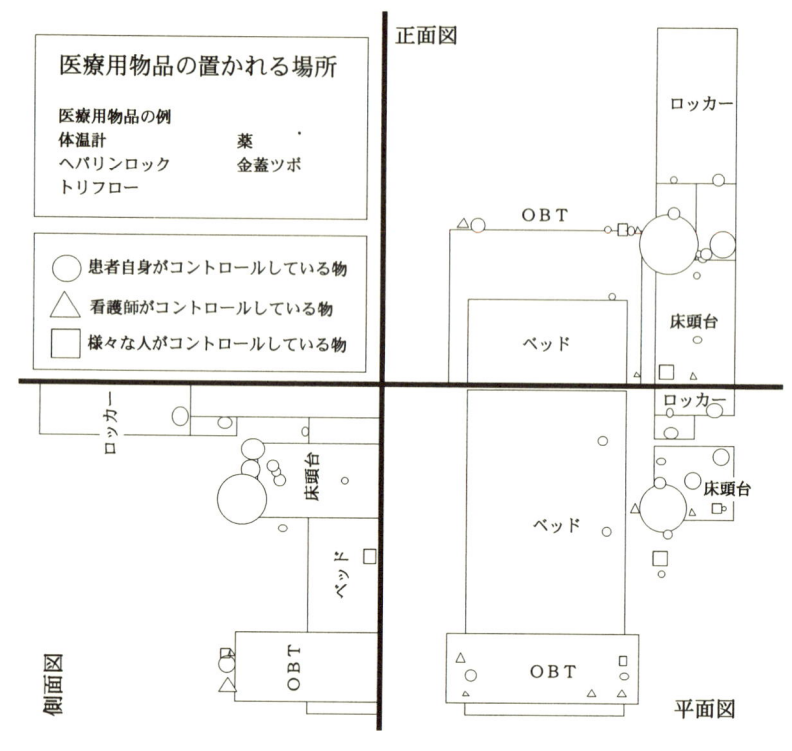

図3.23 医療用物品の置かれる場所

生活なかでもそれまでの自分の生活行為とはかけ離れたベッド上生活になったとしても自分でコントロールしたい物が存在することを物語っている（図3.23）．

●収納・置かれる位置の変化
　またこうした物は，常に一定の場所に置かれるわけではないが，移動しやすい物と移動するのが適していない物とがある．移動しやすい物には，体温計・眼鏡・手帳などの小物やティッシュ・歯ブラシといった患者自身がコントロールしている物で，使用頻度の高い物があげられる．比較的固定的に置かれている物には，洗面器・衣類・カバンなどがあり，所持品の中では大きめで使用頻度が低く，複数の人にコントロールされている物である．

物が置かれる/収納される位置の変化には，病状・治療内容・生活自立度・誰がコントロールするか，等の変化が関わっている．すなわち，病状が良くなることによって生活自立度や治療内容が変化するなど，いくつかの要因が重複して影響し，自分で容易に起きあがれるようになると，それまで枕元にあったティッシュや書籍類が，オーバーベッドテーブル（以下 OBT と略）に置かれるようになる．ベッド上での排泄がベッドサイドでの排泄になると，それまで看護師だけがコントロールしていたオムツが家族等複数の人によってコントロールされるものとなる，等の変化である．また，手術の前後に見られるように，ロッカーの上段に置いてあった下着がロッカー下段に移動する，ベッド上で過ごす時間が長くなることで床頭台上の物が全体的に自分寄りに置かれるようになる，さらには治療内容が変わり医療物品が集中して置かれる，等の変化が見受けられる．このように生活自立度が高くなっていくと，いくつかの物は看護師から患者自身のコントロールへと変化していくが，その行為に関わる物を自分で管理していくことは，その行為自体が自分でできるようになったことの証になっているのである．

2） 病床まわり空間の認知と建築計画
●病床まわり空間の特徴

生活自立度の低い患者，とりわけベッド上生活患者の場合は治療内容も濃厚で，置かれる医療物品が多くなり，また看護婦がコントロールしている物がベッドまわりに多くなる．医療物品や看護用品は，娯楽品や雑貨とともに床頭台やOBT上の同じような位置に置かれることになるが，なかでも看護師がコントロールしている物は，床頭台内やロッカー内に収納されることはない．このように本人にとって自身がコントロールしている物とそうでない物が病床まわりで渾然一体となって表出されるのが病室という空間の特徴であり，日常とは異なる環境としてそこを訪れる人に違和感を与える一因でもある．

しかしこうした中にもある種の傾向が見られる．着替えと洗濯物を収納空間の上下で使い分けている例をはじめ病床まわりの環境では，それまでの生活では生じることのなかった物の置かれ方や収納のされ方が見受られる．すなわち，湯飲みの隣に歯ブラシを置いたり，花の隣に食物を置いたりするなど，日

常生活では積極的にこうした組合せで表出しなかった物が，ロッカーや床頭台の中に仕舞い込まれることなく，床頭台やOBT上に置き並べられるという状況である．

また，自身でコントロールしている物が病床の中央部に，複数の人がコントロールしている物はその周辺部に置かれやすく，このことはそれぞれのもつ空間の領域構造に関係していると考えられる．しかし仮に身近な空間領域から外れたところに自分でコントロールしている物を置く場合には，そこに置かれるものは新聞・雑誌・テレビ・湯飲みであり，洗顔タオルや洗濯物といった他人の目に曝したくないというものではない．つまり，自分の趣味や娯楽品で，ときには他者との会話のきっかけともなるような物である．これらの事柄は，自身がコントロールしている物でも，積極的に「表」に置く物と，自分の空間の「奥」の方に収納しておきたい物があるということを示していると考えられる．

●**病床まわりの建築計画**

これまで病床まわりの物の置かれ方や収納のされ方については，収納の容量がどれくらいあればよいのか，あるいは物の置かれ方から，患者1人当りの領域がどのくらいの広さに広がっているのか，といったことに興味の主体があった．ここで示したいくつかの特徴は，まず仮に量的な収納の充足があっても，そのことが即患者のベッドまわり空間として満足されるものではないことを示している．少なくとも，「きれいな」物を置く/納める「上」の空間と「汚い」物を置く/納める「下」の空間とが認知されており，また患者自身のコントロール下にある物を置く机上面での患者周辺の空間と，複数の人にコントロールされている物を置くその周縁の空間とが，あるいは「表」と「奥」との空間の色分けが患者の意識上に存在しているのである．

病院の計画における履き換えの問題は，すでに一昔前の課題になるが，病院の床が下足を前提に考えることになったことで，こうした「上＝きれい」，「下＝汚い」という色分けの傾向を強くしているとも考えられる．また患者の居場所はベッド上を前提に考えていたが，入院という環境移行をいわば床座から椅子座に生活様式が変わったことと見るならば，病院の空間にはあまりに座を占める場所が少ないことが反省される．

今のところ病院は，やはり「病気を治す」あるいは「病気との付き合い方を会得する」場所として存在しているが，実際には，これまで縷々述べてきたように，患者は，病気の発症・入院から治癒・退院までの間に様々にその意識が変化しているのである．

　これまで病院建築の計画・設計の場面では，患者の様々な病態にあわせて医療施設の機能分類を行い，それぞれにふさわしい施設のあり方を論じ，また実際に建築してきた．このことは患者の意識がたしかに病態と関係していることを考えれば当然のことではあるが，患者自身がまだ「自分は病気である」と意識しているときに，転院や退院を迫られるという不都合を生じてきた．「患者の視点に立った建築計画」という課題は，実際の患者の病態によるのではなく，おそらく患者自身が病気をどう認知しているのか，に依拠することから再構築しなければならないと考える．

［山下哲郎］

参 考 文 献

1) 高　商均，伊藤俊介，長澤　泰，山下哲郎：患者の意識や行動の経日変化に見る入院環境のあり方について－Hospital Geography に関する研究2－，日本建築学会計画系論文集 第483号，日本建築学会，pp. 121-128（1996）
2) 波平恵美子：病気と治療の文化人類学，海鳴社（1984）
3) Westim, A. F.: Privacy and Freedom, The Bodley Head, London（1967）
4) ロフタス，G. R.，ロフタス，E. F. 著，大村彰道訳：人間の記憶－認知心理学入門－，東京大学出版会（1980）
5) 野田章子，長澤　泰，山下哲郎：病床まわりでの物の収納・置かれ方に関する建築計画考察，病理管理，日本病理管理学会，**31**(4)，pp. 5-12，pp. 321（1994）

4

行動から読む地域

4.1 高齢者の地域環境

　高齢者に対する課題は，介護そのものだけでなく，介護予防，引きこもり対策などが挙げられるようになってきた．年齢が高くなっても，多少体に不自由があっても，日常生活はごく普通に送っていることが多い．寝たきりの状態にある高齢者や重度の認知症の高齢者を除けば，日常生活では特定の場面で不自由があるだけで，ほとんどの行為は自立している．ここでは，高齢者（人）と地域環境（場）における行動の特性から，従来，環境の計画の基本であった効率性，経済性というつくる立場の視点から，生活する，行動する側の立場に立って地域環境のあり方を考えてみる．

a. 高齢者の外出とその広がり

　人は誕生した後，発達とともに生活の範囲を拡大していく．ベッドの中だけであった生活の範囲が室内，住宅内，そして屋外空間，さらには交通機関を利用した遠隔地まで広がっていく．そして，障害が生じたり高齢になり心身機能の低下などの結果，拡大してきた生活の範囲に対し移動の制約が生じ，加齢とともに「生活圏は縮小する」とされ，引きこもりなどにつながるとされている．

　東京都内の老人会等に参加している高齢者の日常的外出を調べた結果，「徒歩のみ」，「自転車等（原付自転車）」，「鉄道・バス」，「自家用車・タクシー」に分けて捉えたことがある．買物，医院への通院，散歩，老人会参加などは75％以上が「徒歩のみ」，病院への通院，趣味活動，知人等の訪問では「鉄道・バス」の公共交通の利用が比較的多く，徒歩中心の外出と交通機関利用の外出目的にある程度分類ができた．散歩以外の徒歩のみの外出をさらに分析したところ，10分以内で行ける範囲の外出がほとんどであった．歩いて10分程度が外出先のひとつの目安で，徒歩10分程度が楽に歩いていける行動範囲であった．多くの高齢者がそれまで交通機関を利用して行動していた範囲に比べて縮小しているのは事実であるが，仕事等が中心であった生活から地域密着の

生活へ変化した結果でもあり，単純に身体機能の低下のための縮小とはいえない．生活の拠点である居住場所中心の生活になることで，より身近な範囲での生活の密度が濃くなり，身近なところでの生活領域が増加することも多くなる．単純に距離の圏域で見るのでなく，密度（頻度）を加味して生活圏を見ていくことが必要である．

b. 外出の目的の変化と複合化
1) 外出の特徴

　ある地区の75歳以上の在宅高齢者に対して行った調査（地区内の75歳以上の高齢者全員に対して行った調査：分析対象数135ケース）の結果，1か月間に「買物」，「通院」，「散歩」，「別居子訪問」，「知人訪問」，「仕事」のいずれかに外出したと回答したものは93.3%で，後期高齢者といえどもなんらかの目的で外出していることが捉えられている．後期高齢者といっても，外出についての調査に協力してくれた高齢者であるため，多少元気な高齢者に偏っていると思われるが，いわゆる「寝たきり老人」を除けば，1か月間に1度も外へ出ない高齢者は，そう多くはない．「寝たきり老人」でない限り生活圏は屋外に広がっている．

　この後期高齢者の外出を頻度から最も多い外出目的から対象者の「外出タイプ」を捉え，どのような特徴があるのかみてみる．最も多いのは，散歩型で26%，ついで買物型（19%），通院型（17%），そしてどの外出にもまんべんなくよく出ている「全般型」（17%），そして「通勤型」（11%）となっている．これを年代別にみると（**表 4.1**），75～79歳ではあまりタイプの偏りは少なく，80～84歳で「散歩型」と「通院型」が多くなり，85歳以上では「通勤型」はなくなり，「訪問型」が他の年代に比べ多くなっている．性別では（**表 4.2**），男性で「散歩型」，「通勤型」が女性に比べ多く，女性は「買物型」，「通院型」

表 4.1　年代別外出タイプ（%）

	散歩型	買物型	通院型	全般型	通勤型	訪問型	計
75～79歳	24.3	24.3	10.0	21.4	15.7	8.6	100.0
80～84歳	33.3	10.0	30.0	16.7	3.3	6.7	100.0
85歳～	20.0	13.3	26.7	20.0	0.0	20.0	100.0

表4.2 性別外出タイプ（％）

	散歩型	買物型	通院型	全般型	通勤型	訪問型	計
男性	28.4	14.9	10.4	17.9	17.9	10.4	100.0
女性	22.9	25.0	27.1	16.7	0.0	8.3	100.0

表4.3 生活範囲別外出タイプ（％）

	散歩型	買物型	通院型	全般型	通勤型	訪問型	計
遠出可	18.8	20.3	13.0	20.3	17.4	10.1	100.0
徒歩のみ	50.0	27.3	0.0	13.6	0.0	9.1	100.0
近所	36.4	9.1	36.4	18.2	0.0	0.0	100.0
家庭内	15.4	7.7	53.8	7.7	0.0	15.4	100.0

が多くなっている．次に，身体機能の総合的な目安としている生活範囲別にみてみると（表4.3），〈乗物等を利用して遠出が可能〉な者では各タイプとも分散しているが，〈徒歩のみの外出〉になると，「散歩型」が半数を占め，次いで「買物型」でこの2つに集中，〈近所のみ〉では「散歩型」と「通院型」が多く「買物型」が急激に減り，〈家庭内〉では過半数が「通院型」であるが「訪問型」も比較的多くなっている．「訪問型」は自家用車・タクシーの利用が他の外出に比べ多く，このことから家庭内の生活範囲の者でも行くことができるものと考えられる．

機能が低くなるにつれ，いろいろ外出していたのが「散歩型」，「買物型」が中心になり，その後「通院型」が増加する傾向がある．家庭内の生活圏の者では，通院や訪問が数少ない外出のきっかけになっている．

2) 外出行為の複合化

外出するきっかけとなるもの（複数回答）を図4.1に示す．「必要がある」以外「健康のため」が約60％，「友人などと話す」も比較的多く，「歩く」，「話す」という心身の健康に大きく関連する行為がきっかけで外出している．また，「頼まれて」，「気分転換」，「家がつまらない」等，比較的消極的なきっかけで外へ出ることもみられる．

さらに外出目的別にみると，買物では（図4.2），「必要がある」が最も多く60％以上であるが，「健康のため」，「気晴らし」といった散歩のように外を歩

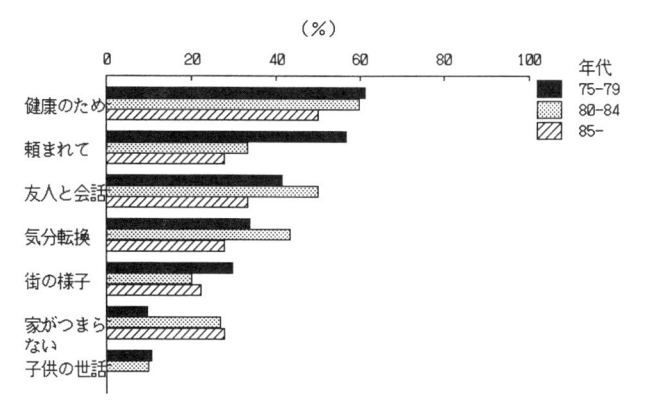

図 4.1　外出のきっかけ（複数回答）

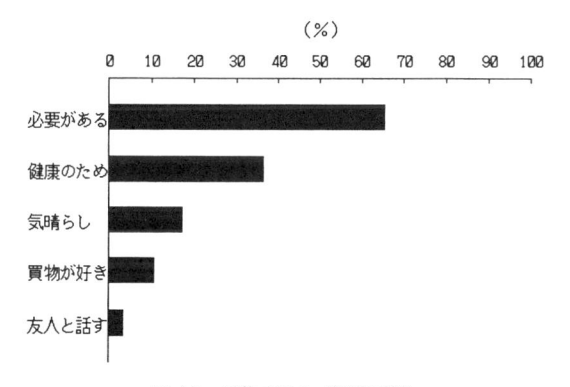

図 4.2　買物の理由（複数回答）

くことが理由であることも多く，その他「知人・店員と話ができる」もわずかではあるがいて，必要以外の副次的な意味がかなりみられる．また，散歩では（図 4.3）「気晴らし」が最も多く，次いで「健康のため」，「外が好き」，「知人と話ができる」となっている．両外出とも「健康のため」，「気晴らしのため」，「好きだから」，「人と話せる」等が共通しており，買物と散歩は本来の目的だけではなく副次的な目的のための手段となっている点がみられる．

　健康のために「歩くこと」が他の健康のための行為に比べてどのくらいなのかをみると，「ゲートボール等のスポーツ」，「体操」等と比べてかなり多くの者が行う傾向がある．年代別にみてみると，60歳代では「外を歩く」，「スポ

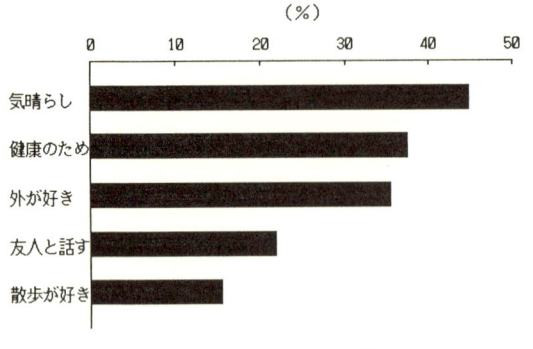

図4.3 散歩の理由（複数回答）

ーツ」がほぼ同じ割合を示すが，加齢に伴い「外を歩く」が増加し，「スポーツ」が減少し，80歳代では3倍以上の差になっている．

このように，高齢者が歩く理由が「移動手段として歩く」だけではなく，「目的として歩く」，「そして外部空間と関わるために歩く（副次的に歩く）」などが出てくるのである．高齢者が街を歩いているとき，同じように歩いているように見えてもその意味や動機は複雑で，単に行き先や外出目的だけでは捉えきれないものがあり，動機・きっかけなどにより行動的には買物であっても，その人にとっては散歩行為であったりすることもある．

c. 地域における歩行行動の特徴

実際に外出している高齢者に対し，どのように外出時に行動しているのかヒアリングした意見を整理したものを**表4.4**に示す．

多くの高齢者に共通して見られたものとして，安全重視，行動領域の限定，自己対処，対人関係，適度な刺激，動作の固有リズム等が挙げられる．

まず，外出時に最も問題になるのは，事故にあうことを非常に気にしているということである．そのため，多少時間がかかっても裏道を通ったり，遠くても危険の少ない経路でいける店にいったりすることがある．つまり，最短経路を必ずしもとらず，経路を選んで外出している（「経路の選択」）．また，けがをしないように非常に注意し，用心深く歩いていることも共通に見られた．

次に，行動が固定化，限定される点が特徴として挙げられる．行きつけの

表 4.4 高齢者の外出に関する行動実態

行動特性	調査からのデータ	対象者	
〈安全性重視〉	・S通りは車が多いので1つ中の裏道を通る	80代	男
	・暗い道や車の通りの激しいところは避ける	80代	女
	・スーパーSは距離としては遠いが住宅地を抜けていくため安全でありたまに行く	70代	女
	・事故・けがにとくに注意している	70代	女
	・階段では手すりは使わないが,いざというときのために近くを歩く	80代	男
	・横断歩道でも急がず…あわてない,生意気,無理をしない	80代	男
〈行動領域の限定性〉	・事故後遠くへ行けなくなった	70代	女
	・昔は銀座へよく行っていた	70代	女
	・行きつけのスーパーはいくつかある,店の人とは顔見知り	80代	男
	・買物と散歩を兼ねる	80代	男
	・医者の帰りに商店街に寄って買物をして帰ってくる	80代	女
〈自己対処〉	・買物は3~4時の混まない時間に行く	80代	男
	・土日は混んでいるので外に出ない,時間を選んで外出する	70代	女
	・体の状態があまりよくないので外出はしないようにしている	70代	女
	・細い道は車が入ってこないので普段歩くのによい	70代	女
	・階段,坂道は避けている	70代	女
〈地縁・知縁〉	・老人クラブの友人と行き来している	70代	女
	・仲間は給食の会の中に多く,近所に仲のよい人はいない	80代	男
	・現役時代の友人の勧めでその近所に住むようになった(現在も行き来している)	80代	男
	・散歩には行かなかったが,近所の友人に誘われて2人で行き出すようになった	80代	男
	・散歩の途中で知り合った人が2~3人いる	80代	女
	・主人が亡くなってから老人クラブに参加するようになった	60代	女
	・隣の公営住宅の人とはなるべくつき合わないようにしている	60代	女
	・公営住宅内の20軒は親しくつき合っていて親戚みたいである	80代	男
〈適度な刺激の必要性〉	・施設に1年間程入っていたが,なんでもやってくれてかえって消極的になった.老人ばかりでずっと一緒に住んでいると息が詰まりそうになった	70代	女
	・健康のためできるだけ頑張って散歩する	70代	女
	・若い人の顔を見るのが好きだ	70代	女
	・建物を見るのが好きでよく見に出かける	70代	女
〈固有のリズム〉	・駅の階段は4~5段昇っては休むようにしている	70代	女
	・歩き始めは手すりが必要	80代	女
	・歩き出しは歩きにくい	80代	男
	・ゆっくり歩くのは嫌いだ,自分のペースで歩くのが楽	80代	男

店，お決まりの散歩コースが形成され，それがなかなか変わらない．しかし，身体機能の低下などにより，負担の大きいもの，本人にとって重要性の少ないものから減少，消滅していく（「行き先の選択」）．この過程が加齢とともに自然に起こったり，事故や疾病などにより急激に生活範囲の縮小が見られる場合がある．また，生活範囲が狭まってくると，一度の外出でいろいろ済ませようとする傾向も見られる．1つの外出行動に対し，第二，第三の複数の目的・意味をもつようになり，外出に対し計画性が見られることも多くなる．つまり，一度の外出に，行き先，時間帯，コースをうまく組み合わせるようになる．通院では行きは順番をとるために乗り物を使って行くが，帰りは時間もあることでゆっくり散歩しながら買物も済ませてしまうような例は多く見られる．

3つめとして，環境にうまく対処して，できるかぎり自分で快適性を得ようとする傾向が見られる．自由時間を多くもつという高齢者の特徴から，一般の人が少ない時間帯に外出したり，大変な場所（坂や階段）を避け歩きやすい道を通って行くことなど自分の状態に合わせて行動する傾向が見られる．快適性を確保する面での「経路の選択」，「時間の選択」が見られる．

4つめに仲のよいもの同士とのつきあいが非常に多いということが特徴として挙げられる．仲間と会うという対人行動が外出の大きな要因となっている．ただし，行動が固定化するのと同様つきあう仲間も限定されることが多く，必ずしも地縁でのつきあいではなく，「知」縁の方が選ばれることが多くなっている．そのきっかけとして老人クラブ活動，給食（会食）の会，現役時代の仲間等が挙げられている．なじみの間での交流が非常に盛んで，「人の選択」も行われる．

以上の「経路」，「行き先」，「時間」，「人」の選択の他に，外出の動機として「少し無理しても健康のために歩きたい」，「街の様子を知りたい」，「多世代の中で生活したい」等の希望もあり，適度な刺激・情報を求めることも外出の動機となることもある．

動作的な特徴として，固有のリズムを保とうとする点がある．歩き出すときなどは「つらい」という者もいる．また，一度歩き出したら，途中，立ち止まるのがいやだとする者もいた．また，自分固有の歩く速度というものがあり，それより速く歩くのも，ゆっくり歩くのも負担に思う者もいる．

d. 高齢者の行動の広がり
1) 外出時の迂回行動と実歩行距離

実際の外出時の歩行経路を収集したが，半数の事例で最短経路以外をとり，その多くは危険箇所を避けるものであった．ここでは歩行経路の迂回をみてみる．

使用した指標は，最低必要な迂回係数（迂回係数と略す）と迂回率で，自宅と行き先との直線空間距離（L とする），最短歩行距離（S とする），実歩行距離（N とする）とすると，迂回係数は S/L で示されるものである．迂回率は，実際の歩行ルートの可能な最短距離に対する割合で，N/S で表され，実際に迂回した程度を示すものである（**表4.5**）．

迂回係数は，直線空間距離に対する最短経路による歩行距離で，今回得られた値は 1.00〜3.00 であるが，この 1.00 と 3.00 は非常に直線距離が近く，そ

表4.5 歩行経路諸元

		直線距離 (L)	最短経路 (S)	歩行経路 (N)	迂回係数 (S/L)	迂回率 (N/S)
買物	平均	564.0	691.3	732.5	1.25	1.05
	(SD)	408.1	478.7	533.8	0.13	0.07
	最小	110	130	130	1.06	1.00
	最大	1540	1760	2220	1.66	1.31
通院	平均	509.3	587.9	632.1	1.16	1.06
	(SD)	278.7	313.9	349.5	0.07	0.08
	最小	90	100	100	1.06	1.00
	最大	950	1080	2220	1.31	1.22
散歩	平均	854.7	921.4	953.6	1.24	1.06
	(SD)	287.7	369.0	391.6	0.18	0.08
	最小	100	180	180	1.07	1.00
	最大	1200	1500	1500	1.31	1.24
センター	平均	330.0	429.1	480.0	1.42	1.15
	(SD)	200.3	253.5	263.8	0.52	0.26
	最小	30	50	50	1.00	1.00
	最大	650	900	900	3.00	1.71
全体*	平均	580.8	714.8	754.7	1.25	1.06
	(SD)	369.1	423.9	457.6	0.23	0.12
	最小	30	50	50	1.00	1.00
	最大	1540	1760	2220	3.00	1.71

* 表以外に知人・友人訪問，バス停，老人会参加を含む．

れぞれ 30 m と 50 m で特殊なケースである．この 2 事例を除くと，1.06～1.80 の範囲で平均 1.23 である．実迂回率は，最短経路を含めると 1.00～1.70 の範囲であった．この値を買物，通院，散歩に限ってみると，平均で 1.05，幅で 1.00～1.31 であった．半数程度の事例で迂回がみられ，直線距離に対しては全体（迂回しないものも含む）の平均で約 3 割増の歩行距離で，必ずしも最短経路を取るわけではない．

この実際の歩行距離に対し外出頻度によるウェイトづけを行い，目的別に 1 日当りの歩行距離を算出した結果を**表 4.6** に示す．1 日当り徒歩のみの外出で片道平均約 500 m 歩いていることになる．内訳は，散歩が最も多く約 180 m/日，次いで買物約 160 m/日でこの 2 つで 7 割を占めている．元気な高齢者であるためその広がりは広いと思われ，実際の高齢者では狭い範囲になっていると思われる．この 1 日当りの歩行距離をもとに頻度を考慮した目的別距離を**表 4.7** に示す．買物を例に取ってみると，1 日平均が 160 m であるので毎日行くような外出であれば 160 m 圏域程度の範囲であるが，2 日に 1 度程度であればその 2 倍の 320 m 程度までは圏域と考えてもよい．週に 1 度のまとめ買いのような買物の仕方であれば，つまり，たまには遠くに行くような大型の店ある

表 4.6　1 日当りの歩行距離試算（片道）

	1 か月当り頻度（回）		1 日当り歩行距離 (m)	1 日当り歩行距離 (m)（参考値）
	外出全体	徒歩のみ		
買　物	8.53	6.47	162.8	208.3
病　院	1.49	0.72	15.2	31.4
医　院	1.68	1.27	27.8	35.4
散　歩	6.99	5.77	183.4	222.2
老人会	1.47	1.27	20.3	23.5
趣　味	2.07	0.81	13.0	33.1
ゲートボール	4.03	3.10	49.6	64.5
子　供	0.82	0.12	2.7	18.2
知　人	0.81	0.81	18.0	40.2
全　体	28.90	20.34	492.6	676.8

・1 か月当りの頻度：毎日＝30，2 日に 1 度＝15，週 1 から 2 回＝6，月 2 回＝2，月 1 回＝1，なし＝0．以上のようにウェイトづけを行い個人ごとに算出
・徒歩のみの頻度：1 か月当りの頻度に外出手段の徒歩の割合を乗じた．
・1 日当りの歩行距離：1 か月当りの頻度に各外出の平均歩行距離を乗じて 1 日当りに換算．平均歩行距離は表 4.5 にある結果を目的別に使用

表 4.7 頻度を考慮した目的別距離試算（m）

目的	代表的頻度	歩行距離目安	該当する施設等
買物	毎日	160	
	2日に1回	320	
	週に1回	1100	スーパー
医院	週に1回	200	
	2週に1回	400	
散歩	毎日	180	自宅周辺
	2日に1回	360	歩道周回（往復で720 m）
	週に1回	1250	
ゲートボール	毎日	50	
	2日に1回	100	児童公園
老人会	週1回	140	集会室
	月1回	600	定例会＝集会施設
知人	週1〜2回	60	向こう3軒両隣
	月1回	540	コミュニティ単位

いは専門店の場合は1100 m程度の範囲くらいは生活圏といえると試算できる．このように単に機能が低下したから生活圏が狭くなるのではなく，頻度も考慮して日常的なレベルの生活圏，2日に1度程度の生活圏，1週レベルの生活圏，あるいは1か月，1年のレベルの生活圏があるのである．高齢者は長い生活歴があり，潜在的な生活圏は非常に大きなものがあるはずである．目的や身体機能などとの関係で，生活圏を選択しているのである．

2) 歩行経路選択のパターン

実際に外出で歩くコースを対象者ごと地図上に示した例から典型的なタイプを紹介し，その広がり方をみる．

① 直線型：ケース（図4.4）

直線形の広がりをもつタイプで，1つの直線のコースに行き先がほぼ含まれているケースである．自宅と最寄り駅などの中心地に生活の範囲が限られることが多い．

② 周遊型：ケース2（図4.5）

周回型で，散歩中心の広がりをもつ事例である．散歩ついでに他の用を済ますことが多い．

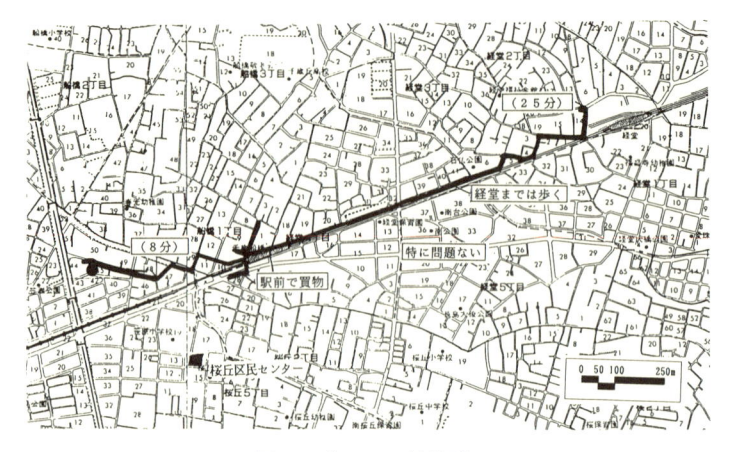

図4.4 ケース1（直線型）

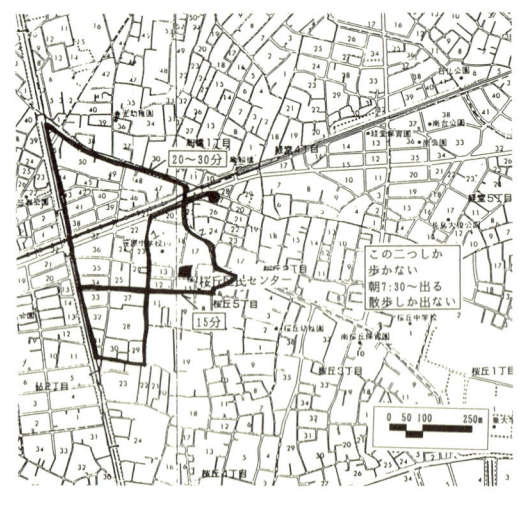

図4.5 ケース2（周遊型：散歩のみのタイプ）

③ 積み重ね型：ケース3（**図4.6**）

途中で休みを入れながら圏域を広げている事例である．一度の歩行距離はそれほど長くないが，それを繰り返し重ねて，1回の外出の範囲を広げている．

④ 目的地型：ケース4（**図4.7**）

最も標準的と思われるもので，目的別に行き先が決まっている例である．

4.1 高齢者の地域環境　109

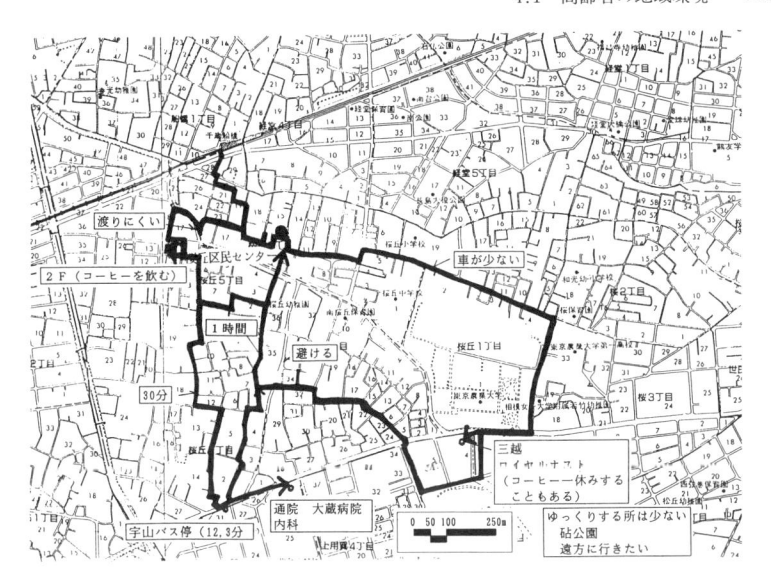

図 4.6　ケース 3（積み重ね型：途中，休みを入れながら長時間歩く例）

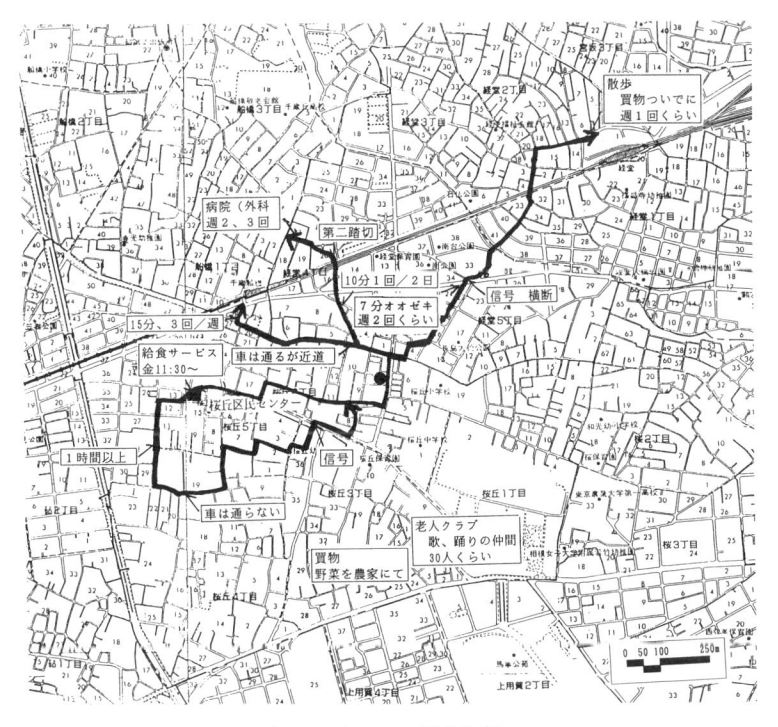

図 4.7　ケース 4（目的地型）

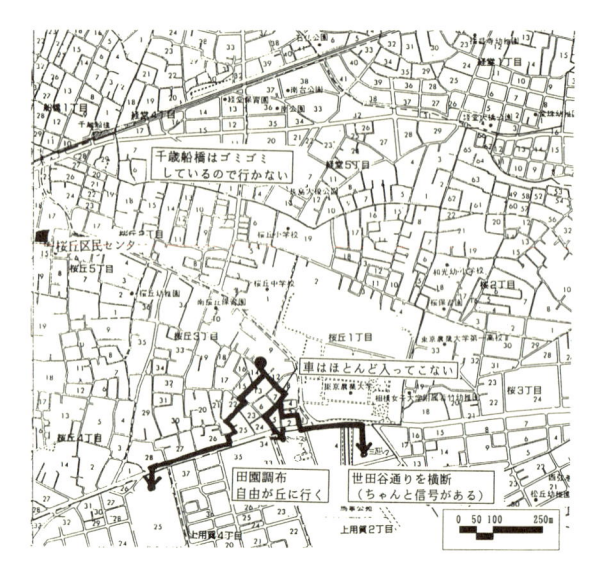

図 4.8 ケース5（特定エリア限定型：特定な地域を避ける例）

⑤ 特定エリア限定型：ケース5（図 4.8）

　特定の地域を避けるケースで，便利であっても，近くであってもあえて他へ行く事例である．避ける箇所は，危険な箇所，坂や階段など「バリア」である場合が多い．

⑥ どこでも型：ケース6（図 4.9）

　行き先が不特定で，どこへでもどのようにでも出かけるタイプで，一般成人に近い例で生活圏もかなり広い．

e. まとめ

　得られた知見から高齢者の生活圏の変化をモデル化してみる（図 4.10）．モデルにおける生活の広がりは，空間そのものの範囲を表すのではなく，2つの圏域（交通機関利用の範囲と徒歩のみの圏域）の相対的関係を示すものである．ここでいう交通機関はバス，鉄道等公共交通機関をさし，タクシー・自家用車（家族の運転も含む），送迎バス等は含めない．

　高齢者の生活の広がりを考える上で特徴的なのは，第2段階の「公共交通を利用しての生活圏が一部縮小し，その代償として徒歩による圏域が拡大する」

図4.9 ケース6 どこでも型（コースはとくに定まっていない）

点と，第3段階の「特定の目的での生活圏は維持される」点であると思われる．特定目的の生活圏維持は頻度が少なくなることもあるが，移動手段・交通手段を変えても「無理をしても出かける」ことが多い．また，実際の行動の経路選択では，危険な箇所などバリアになる箇所を避けるなど，必ずしも直線距離の同心円の領域をもっているのではなく，選択された地域，選択されない地域があり，複雑な形態をしている．

　以上，高齢者の生活圏の広がりを主に日常的な外出行動の実態から捉えてみた．比較的元気な高齢者の場合でも，徒歩が主な移動手段で概ね10分程度の範囲が生活の中心になっているが，その実態を詳細に見てみると，自ら行き

4　行動から読む地域

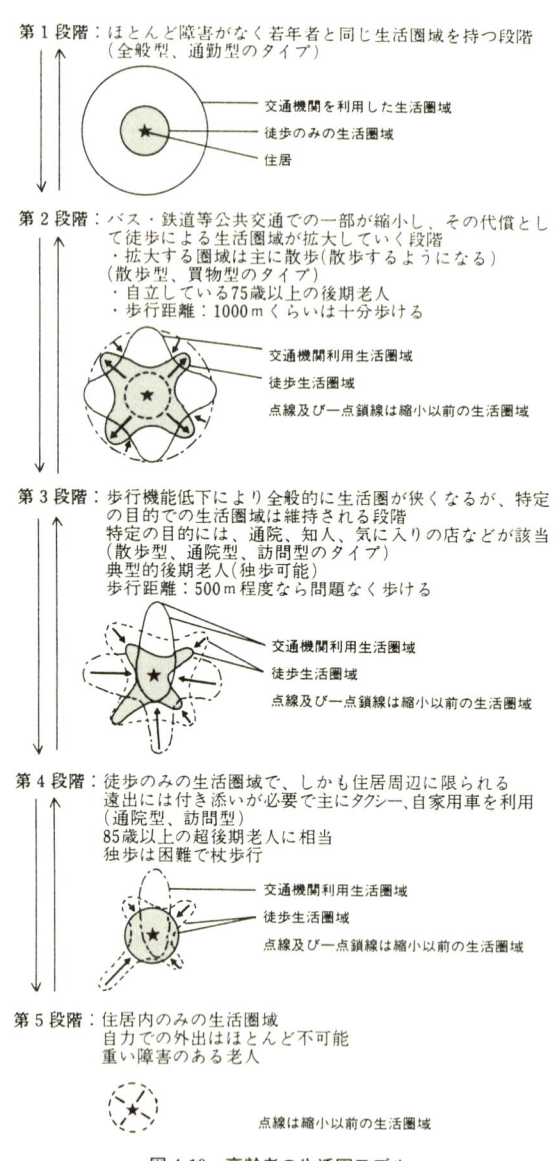

第1段階：ほとんど障害がなく若年者と同じ生活圏域を持つ段階
　　　　（全般型、通勤型のタイプ）

　　　　交通機関を利用した生活圏域
　　　　徒歩のみの生活圏域
　　　　住居

第2段階：バス・鉄道等公共交通での一部が縮小し、その代償とし
　　　　て徒歩による生活圏域が拡大していく段階
　　　　・拡大する圏域は主に散歩（散歩するようになる）
　　　　（散歩型、買物型のタイプ）
　　　　・自立している75歳以上の後期老人
　　　　・歩行距離：1000mくらいは十分歩ける

　　　　交通機関利用生活圏域
　　　　徒歩生活圏域
　　　　点線及び一点鎖線は縮小以前の生活圏域

第3段階：歩行機能低下により全般的に生活圏が狭くなるが、特定
　　　　の目的での生活圏域は維持される段階
　　　　特定の目的には、通院、知人、気に入りの店などが該当
　　　　（散歩型、通院型、訪問型のタイプ）
　　　　典型的後期老人（独歩可能）
　　　　歩行距離：500m程度なら問題なく歩ける

　　　　交通機関利用生活圏域
　　　　徒歩生活圏域
　　　　点線及び一点鎖線は縮小以前の生活圏域

第4段階：徒歩のみの生活圏域で、しかも住居周辺に限られる
　　　　遠出には付き添いが必要で主にタクシー、自家用車を利用
　　　　（通院型、訪問型）
　　　　85歳以上の超後期老人に相当
　　　　独歩は困難で杖歩行

　　　　交通機関利用生活圏域
　　　　徒歩生活圏域
　　　　点線及び一点鎖線は縮小以前の生活圏域

第5段階：住居内のみの生活圏域
　　　　自力での外出はほとんど不可能
　　　　重い障害のある老人

　　　　点線は縮小以前の生活圏域

図4.10　高齢者の生活圏モデル

先，歩行ルート等を選択し非常によく工夫して外出している．生活圏は単に身体機能が低下したために縮小するのではなく，身体機能以外にも目的・動機，頻度などと関連して，選択された範囲で生活するように変化したものである．手段としての移動が長いという意味で生活圏が広いことより，目的として生活の場が身近にある方が重要である．より身近なところで，自分の生活にあった場を選択している．高齢者の生活の場は地域に『広がっている』のである．

　最近，外出の頻度で（たとえば週1回以上の外出）引きこもりであるかどうかを筆者は判断し始めているが，外での生活の目的・動機を配慮した上で外出することを支援しないと，満足度の高い地域での生活にはならない可能性がある．目的や動機を支援し，外出手段の提供，地域環境の整備それぞれが整うと，自然と外出し社会との関係を保つことができ，生き甲斐になり，介護予防にもつながるのではないか．

［狩野　徹］

参 考 文 献

1)　岡田光正：施設利用の情報理論的考察，日本建築学会学術講演梗概集（1968）
2)　中鉢令児：高齢化社会における生活圏に関する基礎的研究，日本建築学会学術講演梗概集（1987）
3)　小滝一正，大原一興：地域老人施設の現状と課題，日本建築学会建築計画部門協議会資料（1984）
4)　田中直人他：新旧市街地居住者の日常買物行動，日本建築学会学術講演梗概集（1987）
5)　福田成二，高橋　恒：空間の地域的性格に関する研究，日本建築学会学術講演梗概集（1990）

4.2 市街地と団地に展開される行動環境の比較
―高齢者の生活から地域環境を捉える

人々は地域の中で，買物をしたり食事をしたり誰かと会ったりというような日常生活を営みながら，環境を個別に認知し構造化することによって，個人にとって意味のある環境を形成している．これを個人の行動環境と呼ぼう．地域環境は，そのような個人の行動環境の展開される舞台であるとともに，それら行動環境の積み重ねによって形成されてきた（現在も形成されつつある）総体的な姿でもある．そこでは人と環境とが相互に影響を及ぼし合いながら安定した関係をつくり出している．

とくに高齢者にとって，地域でどのような関係をつくり出すことができるかということは，非常に重要な問題である．というのも，身体的な弱化や仕事からの引退などによって行動圏が狭まっていく過程において，相対的に生活の中での地域への依存度が高くならざるをえない側面はどうしても強くなる．それだけに，行動環境としての地域の質の与える影響は大きいといえる．こうした高齢者にとっての地域環境の問題は，安全性や快適性の面から，あるいは地域施設計画の面からは取り上げられてきたし，サポートネットワーク等の概念によって社会的関わりの重要性を扱うこともなされている．しかし，社会的弱者としてではなく，高齢者が普通の人として普通に生活する上での地域環境の質については，意外と取り上げられてこなかったのではないだろうか．

本項のケーススタディは，2か所の異なる地域―既成市街地と計画団地―を比較することによって，地域に展開される行動環境の質の違いを明確にし，その違いを際立たせている地域環境の要素を捉えようとするものである．ここで対象とする2種類の地域は，従来どちらもある種のステレオタイプ的な捉え方をされてきた地域である．いわゆる「下町」と呼ばれる高密度既成市街地は，危険なクリアランスされるべき地域として，さもなければ失われいくノスタルジーとして語られてきた．一方「団地」と呼ばれる集合住宅団地は，建築計画によってつくられた地域であり，すでに1つの居住形態として定着している

が，画一的・人間味に欠けるなどの批判を受けている．この項では，地域環境をそのようなステレオタイプに閉じこめるのではなく，それぞれの場所における実際の人と環境との関わり方自体の比較を通して，地域環境の質を評価してみたいと思う．

a. 調査について

A団地・N地域という2か所を対象地域として比較してみることにする．A団地は昭和30年代後半（1960年代前半）に建設された（当時としては先進的な）大規模な計画的集合住宅地であり，盤上の中層住棟が平行に配置されたいわゆる「団地」の地域である．一方N地域は，震災・戦災の被害を比較的軽微にとどめ，昔ながらの生活様式の名残を残す地域であり，1・2階建ての木造建物の密集した住商工の混在した既成市街地である．このように性格のまったく異なる両地域であるが，地域の面積や人口の規模には大差なく[注1]，人口密度もほぼ似通っている．

この2地域において，65歳以上の高齢者20数人ずつに対してインタビューを行った．インタビューでは，日々よく使う場所・施設，そこを使う理由，そこで行われる社会的交流，そこに至る道筋など，自宅を中心とした地域内外での生活について，地域の地図を用いながら尋ねている．

それでは，こうして得られた個人個人のデータ[注2]を重ね合わせることで，地域による行動環境の違いをより鮮明に描き出し，地域環境の質の違いを浮かび上がらせることを試みよう．

b. 地域の選択性

まず，それぞれの地域において，日常よく利用している「場所（ポイント）」や，よく通っている「道（ルート）」が，どのように選択されているのかを見てみたい．こうした「道」・「場所」の選択のされ方が，日々の生活の中で関わりながらしだいに築き上げられていったものであるとすると，それは行動環境の質の違いを表す大きな要素である．

1)「道（ルート）」の選択

図4.11〜4.14は，両地域における買物と散歩のルートを人数分重ね合わせたものである．A団地では，買物ルートは一部に極端に集中している（図4.11）[注3]．散歩する人の数は限られており，一部の人を除いては地域を越えた広がりがあまり見られない（図4.12）．これに対しN地域では，買物ルートは大通りの裏道が網状に利用されている（図4.13）．散歩する人の数も多く，買物に比べて地域を越えた広がりやルートのバリエーションが豊富である（図4.14）．つまり，N地域の方が人によるバリエーションだけでなく，（買物時と散歩時といった）状況によるバリエーションも豊富に見られるのである．

インタビューで得られたルートの使われ方に関するコメントにも注目してみよう．A団地では，「坂が大変」，「駅まで近い」あるいは「緑が多い」など，ルート自体の物理的性質や条件に対する評価のコメントが多く挙げられた．A団地の居住者にとってルートとは，目的地に達するための経路手段であり，なるべく条件のいいルートを通るためにあらかじめ評価しておくもの，という捉え方をしているように思われる．これに対しN地域では，「道を様々に使い分ける」，「その日により道を変えて通る」など，その場の状況や気分に応じて選

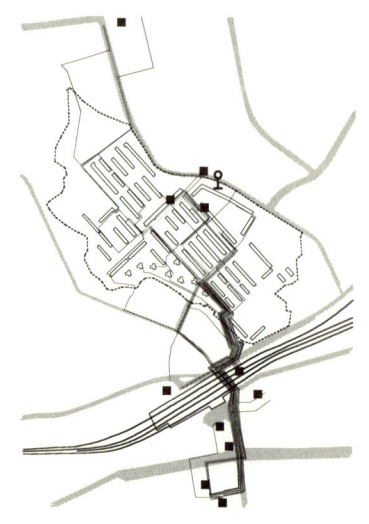

図4.11　A団地の買物ルート（■は利用する店） 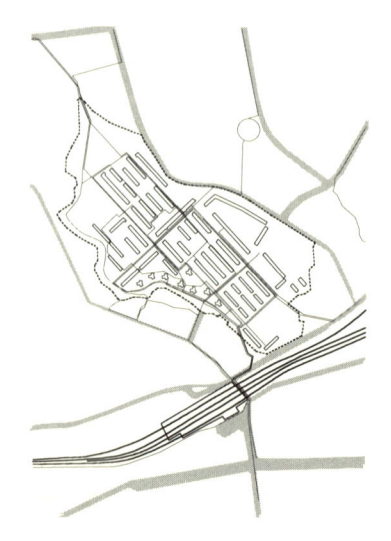　　図4.12　A団地の散歩ルート

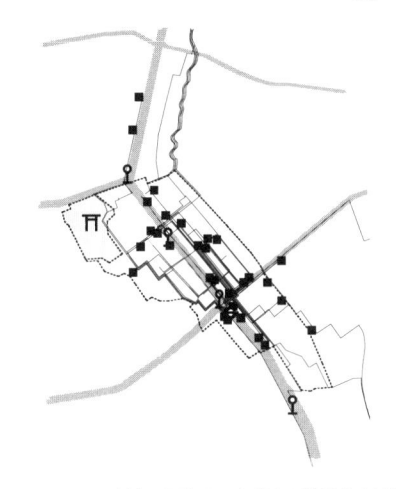

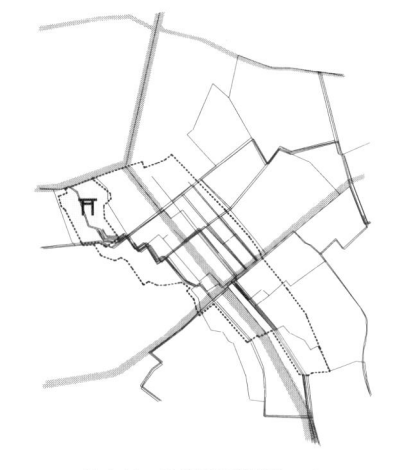

図 4.13　N地域の買物ルート(■は利用する店)　　　図 4.14　N地域の散歩ルート

択するという，状況対応的な関わりを示すコメントが多く挙げられた．時には「途中の植木を見るのが楽しみ」などと，道を歩くことでの小さな関わり・発見などが起きることもある．ルートは単なる経路以上の意味をもち，なんらかの相互作用が起こりうる場として捉えられている．

2)「場所（ポイント）」の選択

　次に，ポイントの例として日常買物する店を取り上げ，利用される店の分布と使い分けられ方の違いを見てみよう．図 4.15 は人による店の使い分けられ方を示すものである．まず各個人が利用する店同士を線分で結び合わせ（ある人の利用する店が3軒であれば3本，4軒であれば対角線を含み6本の線で結ばれる），それを人数分重ね合わせる．線分の両端の店を利用する人が多くなるほど，線分は太くなる．また，1人の使う店が多いほどあるいはそれぞれの人の使う店が多様であるほど，全体の線分の数は多くなる．

　A団地では出現する店の数は少なく，それらを結ぶ線分は太くなっている．これは，いくつかの決まった店が集中的に多くの人に利用されており，人によって使う店のバリエーションが少ないことを示している．これに対しN地域では出現する店の数が多く，それらを結ぶ線分も一部を除いて重ならないままである．人によって選択する店が異なっており，それぞれの人が様々な店をそ

4 行動から読む地域

図 4.15 A 団地（左）・N 地域（右）の店の使い分け
1人の使う店をすべて線で結び，人数分集積したもの．太い線は，結ばれた2か所を両方とも使う人が多いことを示す．A団地の方は太い線が目立ち線の数は少ないが，N地域の方は細い線が数多く現れている．つまり，A団地よりもN地域の方が，人によって選択している店がそれぞれ異なっていることを示す．

の人なりに選択して利用していることになる．

　この違いは，地域内外の選択肢（店）の数の違いだけを示しているのだろうか．それぞれの地域における店を選ぶ理由をみると，店の使われ方自体に質的な違いが見られることがわかる．A団地では，「近い」，「坂を上らずにすむ」といった店の立地条件や，「安い」，「物がいい」といった品物に対する評価が重視されていた．買物という目的に対して，なるべく条件のいいところを評価した上で選択している様子がわかる．これに対してN地域では，「店の人と顔馴染み」といったちょっとしたコミュニケーションや，「融通の利いた対応がある」など，その場の状況に応じて自分と店との関わり合いができることが重視されていた．買物という目的だけでなく，それぞれの人にとって関わりのある場，関わりのできる場として，店が選択されている．ルートの選択の場合と同様，A団地ではそれぞれのポイントを事前に評価した上で選択し，N地域ではそれぞれのポイントを自分なりに関係づけながら選択している傾向が見られる．

3) 選択性に見る地域差

　これら「ルート」と「ポイント」の選択に見られた地域環境の使われ方の違いをまとめてみると，次のようになる．

　A団地は，計画によって設定された環境であり，人は与えられた（ただし限定された）選択肢の中から良し悪しを評価して選択する．地域との関わり方は，目的を達成するためのポイントにおける関わりのみが重視された，点的な関わり方といえる．

　N地域は，どちらかといえば自然発生的な環境であり，人は多くの様々な選択肢の中から自分なりの関係づけを行って選択する．地域との関わり方は，ポイントだけでなくその途中ルートでも様々な形でなされ，また目的自体も複合化するという，重層的・面的な関わり方である．

　このような地域の使われ方の違いには，地域環境の質の違いが反映されていると思われる．その地域環境の質の違いを際立たせるために，次は，地域の様々なポイントにおける社会的な関わりについて考察してみよう．

c. 場の許容性
1) 社会的関わりと場の許容性

　居住者は地域内外の様々なポイントを利用し，そこでなんらかのコミュニケーションを行っている．一口にコミュニケーションといっても，友達の家を訪問するような個人的なものから，公共施設での会合のような形式的なもの，あるいは店の主人との一時的な接触など，様々なレベルのものがある．それぞれのポイントではそれぞれのコミュニケーションが行われており，人があるポイントを選択する場合，そこで起こりうる社会的関係をも選択していることになる．

　ここで，あるポイントに人々が集まり，なんらかの社会的関係がもたれている状況を「場」という言葉で表すものとする．「場」には，その場所・そこに集まる人・社会的関係・そこで行われる行為などがすべて含まれる．

　それぞれの「場」では，それぞれに応じた社会的な関係を見出すことができるが，その関係は一義的に定まっているわけではない．ある場では特定の関わり方のみが強制され，別の場では時々の状況によって関わり方が選択できる，

ということもある．場の構成要素は，関わり方の可能性・自由度の幅を規定しており，その可能性・自由度の中で人が関係を選択していると考えられる．このような，人に選択性の幅を与える場の性質を「許容性」と呼ぼう．これは，様々な要素が相互に絡み合って現れてくる場の総体的な性質である．ある場でどのような社会的関係性がとられるかは，許容性の1つの側面として捉えられる．

2）許容性を規定する場の要素

「場」の許容性を具体的に捉えるため，関わり方の可能性・自由度の幅を規定する様々な構成要素について見てみよう．これらの要素は，お互い規定しながら規定される関係にある．ここで規定性は二重の意味で捉えられることに注意しよう．1つはその場で人がどれだけ選択性の幅をもちうるのかという自由度であり，もう1つはその要素がどれだけ他の要素を規定しているかという強さの程度である．

●時間の規定性

時間的な規定性は，場に参加するためにある決まった時間に行かなければならないのか，それとも自分で随時好きな時間を選んで行けるのか，という自由度である．公共施設で行われる会合やサークル活動などは初めから時間が決められており，その時間に行かなければ意味がない．友人の集まりなどの場合は時間の決定に自分も関わっており，それだけ規定性は強くなる．これに対し町なかの商店や銭湯などは，とくに時間を決めなくても誰かとコミュニケーションできるという意味で，時間の自由度が高い．そのように考えていくと，時間の規定性の強さから「場」を分類することができるかもしれない．たとえば，①いつでも自分の気が向いた時間に行って人と関わりをもてる場，②基本的にはいつでも行ける場であるが自分で決めた特定の時間に行くことによって特定の人と関わりをもてる場，③毎週・毎月のこの時間というように定期的に決まった時間が設定されて行われる場，④時間の決定に自分も関わった上である特定の日時だけに行われる場，などである．

●居方の規定性

　場における人の居方・態度・振舞いは完全に自由であることはなく，場の性質によってなんらかの制約が働いている．時には決まった振舞いを強要されることもある．このような居方の規定性は，参加者や管理者（いる場合には）によって一方的に押しつけられる場合と，その場の状況によって個人個人が選択した結果緩やかに規定される場合がある．例として，まちの銭湯と公共施設での居方の違いを取り上げてみたい（この場合の公共施設とは，高齢者が無料で利用できる施設で，入浴・娯楽・リハビリなどがなされる）．どちらも入浴するという機能をもった場所であるが，そこでの居方にはかなりの差があるようである．銭湯は実際多くの高齢者によって利用されており，そこではまったく好き勝手な居方が許容されているわけではないが，個人個人がその場の状況に応じて振る舞っており，その結果人によって濃淡様々な関わり方がなされている．一方，公共施設の風呂を日常利用しているのはごく限られた人であり，そこではある特定の振舞い方が特定の参加者によって一方的に強制されている実状があった．その強制された振舞い方を受け入れる場合には常連の仲間入りとなり，受け入れられない場合には二度とその場に行かないということになり，中間的な立場は存在しないのである[注4]．

●参加者の規定性

　その場への参加者は，社会的関係を規定する最も大きな要因の1つである．その場の参加者が親しい人達なのか，知らない人ばかりなのか，また固定されたグループの人なのか，そのつど不特定多数の参加があるのか，といったことによってその場でとりうる社会的関係はある程度決まってくるといってよい．とくに，目的性の強い場では参加者が固定化するとともに同質性が高まり，社会的関係だけでなく時間・居方・形式などの規定性が強くなる．逆に，これらの要素の規定性が弱い場では，参加者は流動的で多様な人が混在する傾向となる．

●参加形式の規定性

　単に人々がある場所に行くことで成立する場もあれば，なんらかのテーマの

もと公に参加を呼びかけ人を集めることで成立する場もある．このような様々なレベルの形式性は，場の様々な側面を規定する要因となっている．とくに，参加するための形式的な手続きの必要性は，参加すること自体に対して規定性として強く働くことが多い．行政などによって設定された会合や，メンバーの固定した組織へ参加する場合のように，オフィシャルに行われる場であるほど，その場での自由な参加は難しく形式的手続きが必要になる．一般に場が形式的であるほど個人の自由度は抑えられ，時間・社会的関係・居方なども一方的に強く規定される．

● **参加すること自体に対する規定性**

個人が実際にその場に参加することの自由度にもレベルがある．様々な側面の規定性が高い場合，参加する際の強い意思決定およびその意思表示が必要になることがある．またいったん参加することにした以上，思い直して参加を取り消そうと思っても再び形式的な手続きが必要だったり，他の参加者に文句を言われたり心配されたりするなど，フォーマル／インフォーマルに参加することに強制力が働くことがある．この強制力によって場に参加し続けることができるという一面もあるが，反面，場に対するコミットメントの強い人と弱い人とが二分され，コミットメントの強い人ばかりの参加を促すことにもなる．

3) 社会的関係の許容性から見た場のタイプ

その場においてどれだけ人との関わり方を選択できるのか，社会的関係の許容性から場の種類を分類してみよう（**表4.8**）．

コミュニケーションの発生する場といえば，まず交流すること自体を目的とした（社交クラブのような）場がある．そこでは，かなり密度の高い社会的関係を要求されることが多い．このような，お互い親しい知合いで構成された場を「Weの場」と呼ぶことにする．その場に参加している人が「わたしたち」と括られるような帰属意識をもつためである．これに対して，行政の企画した市民講座や不特定多数の訪れるデパートのような場所では，人が集まって場をつくってはいるがほとんどコミュニケーションは起こらない．全員が他人同士・三人称であるという意味で「Theyの場」と呼ぶ．一見対照的に見える

表 4.8 社会的関係性の許容性から見た場のタイプ

タイプ	We の場	They の場	We と They の複合	You の場
模式図	We/I の円	They の複数の円と中心の I	They の周囲に We/I	They の破線円内に You/I
参加形態	私の個人的に親しい人の集まり	私のまったく知らない他人同士の集まり	他人ばかりの中で個人的に親しい人で集まる.	私と他人とをつなぐ媒介者がいる.
関わりの規定性	場の中ではかなり密度の高い関係が要求される. 関係が外に広がることはない.	場の中でのコミュニケーションが要求されない. 個人個人はばらばらの存在.	We の関係は内部だけで完結しており, They に広がっていくことはない.	You を媒介とすることで They と間接的な関わりを持ち, 場での関係が選択できる.

「We の場」と「They の場」だが，その場での関係のレベルを選択できないという点では共通している．仲のよい人とデパートに訪れるときのように，They の中で数人で We をつくっているように，この両者が複合化することは容易である（そこでは「わたしたち」以外は全員他人として捉えられる）．実はこの両者は表裏一体的な側面があり，たとえばある人が「We の場」に参加したが溶け込めなかった場合，その人にとってその場は「They の場」へと一変する．

　ここでもうひとつ，「You の場」というのを考えたい．これは全員が知合いではないが，その中で状況に応じて関係を選択できる場である．そこは自分にとってアクセスのしやすい場であり，そこにはアクセスしやすい人がいる場合もある．それらの人や環境が二人称的関係 You として関わりながら，地域の情報に触れることができたり，コミュニケーションを広げたり，知らなかった人と知り合いになったりすることをサポートしてくれる場である．それは，関係の完結した We でもまったくばらばらの They でもない，自分にとって親しみやすい場でありながらも，They 世界へのアクセスを仲立ちし，それによって They から You へとその関係を広げていくことができる場なのである．「You の場」は比較的誰でもが参加しやすい場であり，アクセスする人同士の

関わりを広げていく．「Youの場」自体が媒介となって，人と地域とを緩くつなげていくような役割をもちうるのである．

これらの社会的関係性の許容性から見た場のタイプ[注5]は，場を構成する様々な要素によって規定されると同時に，社会的関係がどれだけ規定されているかということ自体が他の側面を規定するような相互関係の中で現れてくるものである．

4) 場のアクセシビリティ

アクセシビリティという言葉は，通常は物理的な接近のしやすさを示す．つまり，高齢者や障害者などが身体的な負担なしに建物や空間にアクセスできること，の意味として用いられる．しかし，実際にある場に初めて参加しようとしたとき，物理的なアクセシビリティもさることながら，ちょっと気兼ねしたり決意を新たにしたりなど心理的な負担も無視できない．場に対する心理的アクセシビリティとは，その場に参加する際の心理的な閾の高さを示し，場の許容性の幅に大きく影響されるものである．一般的に規定性が弱く許容性の幅が広いほど，心理的アクセシビリティは高まると考えられる（**表4.9**）．

それでは地域にとってアクセシビリティはどんな意味をもつのだろう．地域のアクセシビリティが高いことは，様々なレベルのコミュニケーションを可能にする機会に気軽にアクセスしやすいということであり，それは意図しない出会いや人との軽いコンタクトなど，その場の状況に応じた関わり合いを可能にする．つまりそのような地域の環境の質に大きく関わるものである．

表4.9 場の許容性とアクセシビリティ

許容性(規定性)	時間	居方	参加者	参加形式	参加自体	社会的関係	アクセシビリティ(心理的閾)
○ 大(弱)	気が向けば	状況的に選択	流動的・多様	その場で参加	自由に参加	You	高(低)
◐	いつものように	↕	↕	↕	↕	They	
◑	決まったときに					We	
● 小(強)	予定を決めて	一方的に規定	固定的・同質	事前の手続き	参加の強要		低(高)

場を構成する各要素の規定性と，場の許容性およびアクセシビリティとの関係を模式的に示す．

もちろん目的とする交流の質によって強い規定性が求められることは多い．仲間同士の集まり，サークル活動や組織の会合などでは，第三者のアクセスは制限されるだろう．こういった場の多くは，特定のグループによる特定の目的をもった場であり（「交流」も立派な目的である），あえて閾を高く設定することで場の目的性を高めている．これらの特定目的達成のための場は，アクセシビリティの高い場とは地域における役割が本質的に異なる．

ここでもう一度，地域の比較に戻ろう．図 4.16 は，規定性の異なる場が地域にどれだけ機会として存在しているかを示したものである．A 団地では出現した場の数が少ないだけではなくそれらの規定性が強いのに対し，N 地域の方が数多くまた幅広い許容性をもった場が出現している．つまりアクセスしやすく，しかもそこで多様な関わりをもてる機会が豊富なのである．地域における選択性・許容性ともに A 団地に比べ N 地域の方が幅広く提供され，地域全体としてのアクセシビリティが高いといえるのではないだろうか．

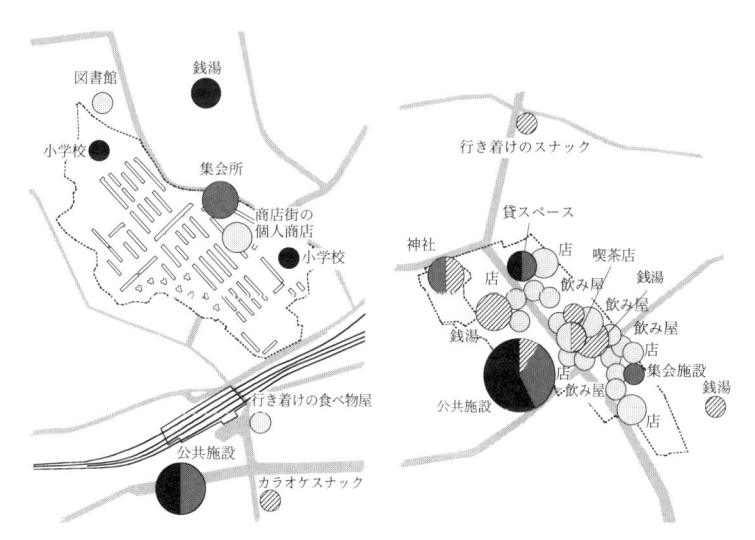

図 4.16　A 団地（左）・N 地域（右）に存在する場と許容性（凡例は表 4.9）
円の大きさは，ヒアリング者中のその場所を利用する人数に対応する．A 団地に比べ N 地域は，地域全体としての場の数だけでなく許容性の幅も広い．

d. 人と環境との関わり方
1) 意図遂行型モデルと環境探索型モデル

これまで両地域に展開される行動環境の違いを見てきた．ここに見ることのできる，人と地域環境との関わり方そのものの質的な違いを，モデル的に捉えてみよう(**表4.10**)．

はじめに「意図遂行型モデル」[注6] とでも呼ぶべきモデルを考えよう．人は，ある明確な意図・目的をもって行動しており，ある目的を達成するための場を選択しそこに行って目的を果たして帰ってくる，というものである．人と環境との関係が人の頭の中の「意図」によって結びついているという捉え方である．このモデルから地域のポイント・ルートの性格を考えると，ポイントはあくまであらかじめ設定された目的の場であり，それ以外の相互作用は起きにくく，ポイント同士を結ぶルートは単なる通過路の役割を果たすのみ，ということになるだろう．計画的につくられた団地(A団地)の行動環境が，かなりこの意図遂行型モデルに近いことに留意してほしい．

ところで，普段の私達の生活の実態はどうか．たとえば町で昼食を食べよう

表4.10 意図遂行型モデルと環境探索型モデル

	意図遂行型モデル	環境探索型モデル
モデル図	Home から Point 1, Point 2, Point 3 へ Route でつながる図	Home から Route でつながり Point と interaction する図
行動環境	人は意図に従って場所を選択しそれぞれの場所で目的を達成する．	まずは人の活動＝生活があり，その動きの中で場所や道が意味づけられていく．
場所の意味	特定の目的を満たすための場．目的以外の行為や社会的関係は発生しにくい．	その場の状況に応じて多様な関係をとりうる場．本来の目的以外の行為や社会的関係も発生する．
道の意味	自宅と場所，あるいは場所同士を結びつける通過路．地域との相互作用は発生しにくい．	単なる通過路ではなく，地域との相互作用によって様々な意味づけや関わりをもつ．

と思ったとき，様々な条件を吟味したうえで「今日は〇〇を食べにいくことにしよう」と毎度毎度決意してから出かけるだろうか．もちろんそんな日もあるだろうが，大抵まずは出かけていろんな店でメニューをのぞき込みながら，今の気分や体調などと相談しながら決めるのではないだろうか．

　このような，人が動いていく中で人と環境との関係がつくられていく，と捉えるモデルが考えられる．これを「環境探索型モデル」[注7]と呼ぶこととしよう．人には目的・意図がないわけではないがそれほど明確でなくともよく，まずは地域での行動・生活があり，そこで様々な相互作用の結果，その場・その時の状況によって地域の様々な環境と自分との関係づけが形成されていく，とするものである．このモデルによれば，あるポイントで本来の目的以外にも様々な関係がもたれたり，生活行動の一部であるルート上においても様々な相互作用が起こりうることになる．既成市街地（N地域）に見られた一見複合的で多様な関係性は，環境探索型モデルとして捉えるとわかりやすい．

　このような，環境探索型モデルと意図遂行型モデルとして表される人と環境との関わり方そのものの違いを生み出すのに，地域環境が影響を与えていることは恐らく確かである．では，団地の地域環境と既成市街地の地域環境との間に，どのような質的違いがあるのだろうか．それは，地域に個々の目的を満たす場があまり存在していないという量的な違いだけではないだろう．環境探索型モデルを保証するのはまず人の動き，すなわち人が地域において明確な意図なしにいろいろな場所を利用し行動できるかどうか，ということであり，それを保証するための（アクセスしやすく，そこで様々な関係性をとりうる）多様な場が地域に存在するかどうか，という地域の選択性と許容性の幅に大きな違いがあると考えられる．

2）人と地域の関わりと地域計画

　従来の地域計画や施設計画は，意図遂行型モデルをベースに計画されてきたといえる．人の意図を想定し機能的に分類し（たとえば，飲食・購買・余暇・趣味・休息・交流など），人のニーズとして捉え，それらを満たすようにいわば人の意図と場の機能を一対一対応させることを目的として計画してきた．その結果，計画によってつくり出された団地では地域全体としてのアクセシビリ

ティが低くなり，人が明確な目的なしに利用したり，そこで様々な関わりをもつということが難しくなっている．計画によって人の行動環境が規定されているのである．

意図遂行型モデルによる計画の問題点として，人と環境との関係が固定的であり，変化に対しての対応が難しいという側面がある．とくに，身体的・社会的状態の変化が激しく，また個人差も大きい高齢者にとっては，そのすべてのニーズを把握して対応していこうということに対しては限界がある．今後，社会の高齢化が進むにつれ，この問題点はますます顕在化していくだろう．

人々の行動環境の積重ねによってしだいに形成された環境である既成市街地では，人の生活は目的ごとに輪切りにされるのではなく，総体として受け入れられた上で，人と環境との幅広い相互作用が保証されている．そこでは地域全体が人間-環境のシステムとして機能しており，かなり幅広い層の人を受け入れることができる柔軟性をもっている．意図遂行型モデルに替わる環境探索型モデルからの地域計画を考えていこうとすると，既成市街地のような普通のまちから学ぶべきことはまだまだ多いのである． [橘 弘志]

注1) A団地は，面積約 2.8 ha，人口約 8800 人（調査当時），N地域は，面積約 2.1 ha，人口約 6200 人（同）であり，人口密度としてはどちらも 1 ha 当り約 300 人程度である．

注2) この調査は，東京大学高橋鷹志研究室の環境行動研究の一環として1992年に行ったものである．A団地の高齢者23人，N地域の高齢者26人を調査対象者として，自宅を直接訪問・面接してヒアリング調査を行った．

注3) このA団地が完成して間もない頃に行われた買物ルート調査の結果を見ると，当時は団地内に配置された商業施設に買物客が集中していたことがわかる．現在では高齢者に限らず，団地外の駅前の大規模スーパーに集中している．より品揃えがよく，より便利で，より安い店に客足が向いていることは，恐らく当時も今も変わっていない．

注4) ここには，いわゆる「公共施設」が形だけ誰にでも開かれているということだけでは，必ずしも公共性が担保されるものではないことが示されているように思う．

注5) このWe・They・Youの場の概念は，佐伯 胖（1995）による「学びのドーナツ論」の影響を受けたものである．学びのドーナツ論とは，「学び手 (I) が外界

(They 世界)の認識を広げ，深めていくときに，必然的に二人称的世界（You 世界）とのかかわりを経由するとしたもの」である．学ぶということは，You を媒介としながら They 世界と出会っていくことによって自分の世界を拡張していくことに他ならない．You の場とは，ある明確な目的を果たす場というよりも，むしろ地域に対して自分の世界を広げていくきっかけや手がかりを与えてくれる場を示そうとしたものである．

注6)，7) これらの町との関わり方の違いは，Reed（1996）が「探索的」と「遂行的」という2種類の行為を区別すべきであると述べていることに近い．遂行的行為とは，具体的な目的遂行のための行為であるのに対し，探索的行為とは，環境の変化などに対して自らの活動パターンを調整する際に役立つ環境の情報を獲得する行為である．

参 考 文 献

1) 橘　弘志，高橋鷹志：地域に展開する高齢者の行動環境に関する研究　大規模団地と既成市街地におけるケーススタディ，日本建築学会計画系論文集 497 号，pp. 89-95（1997）
2) 橘　弘志：まちに住まう，「身体から発達を問う　衣食住の中のからだとこころ」新曜社（2003）
3) 橘　弘志，鈴木　毅，篠崎正彦：生活の場と都市コミュニティ　多様な関係を支える都市の仕掛け，すまいろん 1996 冬号，(財)住宅総合研究財団，pp. 31-37（1996）
4) Jacobs, J.: The Dead and Life of Great American Cities（1961）．(黒川紀章訳：アメリカ大都市の死と生，鹿島出版会，1969)
5) 佐伯　胖：「学ぶ」ということの意味，岩波書店（1995）
6) Reed, E. S.: Encountering the World: Toward an Ecological Psychology（1996）(細田直哉訳：アフォーダンスの心理学　生態心理学への道，新曜社，2000)
7) 鈴木　毅：人の居方からの環境デザイン，建築技術，1993.07〜1995.12

4.3　都市商業スペース—路上は演技者と観客であふれている

　貨幣経済以前の世界では日常必要とされるものは物々交換でまかなわれていた．近くの家同士の交換で済まないときには遠くに出かけねばなるまい．
　定期的定時的に開かれる「市」という「場」の設定は物々交換の革命であった．
　貨幣経済以降では自分でつくらなくとも物を買ってきて売ることによる「商業行為」によって「利益」を獲得し，生活を行うことができるようになった．そして「商業行為」に集まる人々によって商業空間には独特な「人間行動」が発生するようになる．商業空間には金銭が集まる，それを目当てに違う行為が発生し，訪れる人は人が集まることを意識して出かけるようになり，都市側はさらなる発展を意図して公共交通を整備し，人は都心へと通い続けることになる．
　人は何故人混みの中に出かけるときに着飾って出かけるのか．原宿には特異な人種が特異なファッションで歩く．空間と連携したまちの「行為の流儀」が広範囲の人の頭の中に形成されていることの現れではないか．行動とまちなみは人の意識の中に形成されていくのである．
　通行人は商業空間を通過しながら商品を物色する．またはそう見せかけて人々を物色する．商店主は通行人のアイキャッチにつとめ，八方を尽くして店の中に導き入れる．その攻めぎ合いが商業空間である．訪れる通行人は買物だけが目的ではなく，その実いくつかの隠された目的をもっている．
　こういった色彩ある行為のタバは小都市にはない．これが都市の「魅力」であり，「財産」である．それでは路上人間行動観察のツアーに出発しよう．

a.　路上の人間観察
　様々な商業空間に様々に人々がやってきて，様々な行動を行う．その行動は人間の特性を知るヒントに満ちている．

1) 路上で立ち止まる人々
●立ち止まるときの作法

人が立ち止まるにはいくつかの理由がある．立ち止まる場所と，通過する人の軌跡を観察することにより，その傾向は浮き彫りになる（図 4.17）．壁や柱のそば，建物と建物の間，閉店している商店の前，歩道の車道寄りなどである．人は無意識に歩行者を妨げない場所を選択している．

自転車

看板の傍

柱の傍

建物と建物の間

図 4.17 立ち話のきっかけ

この作法は必ずしも守られないが，それにはいくつかの言い訳がある．ひとつには，立ち止まっている人の数が多い場合．これは多数決の原理で，少ない方が道を譲るべきだという意識が働くからだろうとの想像がつく．

商店街での「無作法」の例は，早々に会話を切り上げたいときの立ち話や，自転車や乳母車を伴っている場合である．前者は通行の邪魔になる場所にあえて留まることは，「通行の邪魔になるのでこのへんで」と会話を切り上げる理由に使われ（ニューヨークでは人混みであえて会話を行う例が観察されるという報告があるが，それは自分が知り合いと出会ったことを主張している例であると考えられる），後者の例では自転車や乳母車を人々が避けて通り，自分が邪魔になっているのではないとの理由が聞こえる．なので，避けて通るワゴンや電柱は，立ち話のかっこうの場に選ばれる．

地図を広げる人は，往来の中に立ち止まることが多い．地図を見ながら遠くを見る仕種から地図上の対象物を視界に収めるために，見渡しの良い往来の中央を選択していると見受けられるが，誰かに道を迷っている様子を知ってもらい，声をかけてもらいたいという意思表示であるとも解釈できる．

●**滞在姿勢－不安定構造物**

会話をする人は何かに触れるまたは寄りかかることが多い．比較的長時間にわたる滞在では，体重をもたせかける，座るという休息の姿勢をとっている．よって，商店街や都心の商業地では，路上で様々な休息の場面が発生する（図4.18～4.20）．

また，しばらく立位の姿勢をとり続けるときは，まったく上体を止めていることもあるが，よく見るとやじろべえのように少し揺らせながらバランスをとっている．つまり人の2本足歩行は立ち止まることに関してははなはだ不安定な構造物なのである．

以上を見越して，休息場所が設けられている所もある．中には，人を観察しているかのように路上にしゃがみ込んでいながら，逆に目立たせている，それはまさに路上パフォーマンスの域に入っているといっていいだろう．こういったパフォーマンス性がある路上行為は路線商店街よりも渋谷や表参道など，いわゆるファッション化され，他人が多くかつ観客が多いエリアで発生しやす

図 4.18 体重を乗せる親　子は触れているのみの休息姿勢

図 4.19 重度の休息姿勢

図 4.20 アキレス腱のストレッチ

い．

●**人を待つ－邪魔にならないが目立ちたい**

　待つ場所は誰もが間違いなく到達できる場所であると同時に，待っている自

図 4.21 通行人を物色する 3 人組

分が発見されやすい場所でなくてはならず，かつ往来の通行の妨げにならないポイントが選択される．段の上など，少しでも高い場所で人通りを見渡せる場所に陣取って1秒でも早く待ち合わせた人を視界に捉えようとしている人，相手に見つけてもらうのが当然と考えているのか，ただ人を眺めながら待っている人，場所をあらかじめ言い合わせているのか，子供と遊びながら待っている親．それらを観察していると待ち合わせている人同士の人間関係まで浮かび上がってくる．

また，路上では人を物色し，勧誘や商売のエサにしようとしている人がいる（図 4.21）．私達はそういった人は通常の待ち合わせと違うことは一目で識別する観察力をもっているし，それを眺めて楽しめるほど野次馬でもある．

待ち合わせという行為はどの国でもプリミティブな行為なのでほとんど変わらぬ形態で観察されるが，近年携帯電話の急速な普及で，乗り物や路上を移動しながら意図的にかつ即時的に出会うことが可能となり，古代から続いた典型的な待ち合わせシーンが劇的に変化を遂げている．

2) 路上のなわばり学－不要な空間使ってなぜ悪い

形式的には路上は公共空間でありそれ以外は私有地なはずだが，商店街では商店のワゴンや商品，サインなどが自分の敷地境界を越境している者が後を絶たない．これは，むしろ積極的に歩行を妨げて視認性を高める効果を狙っている．また，自転車や露天商店は，店と店との間や，ショーウィンドウがない壁

沿い，閉店後のシャッターの前などを一時的に占有する．使用されていない空間は所有者にとって必要がないということだから使ってもいいはずだという都合のいい言い訳が聞こえてくる．

このような事例は住宅地の路上でも観察できる．向かい側が駐車場でかつ塀がある場合，また空き地や川などがある場合には向かい側の塀沿いに植木を並べる，川沿いを花壇にする，布団や衣類を干し，掃除用具をかけてある事例もある．道路の両側に家がある場合には道路中心がテリトリーの境となるが，向かいがテリトリーを主張しなければそこまで自分のテリトリーとしてしまう．であるから，夜間閉店した商店はテリトリーを主張しないので屋台はその時間を見計らって占有するのである．

3）路上の暗黙のルールから有言のルールへ
● 暗黙のルール－謝らない日本人

公共の空間にはいくつかの不文律なルールが存在しており，国が違っても多くの共通点があることから人間社会で必要上生じてきていると想像できる．

たとえば，席や道を譲り弱者を敬う行為，路上でぶつかったときに謝る行為，会釈する行為等である．タバコに関するルールも豊富であろう．

路上で人に触れるまたはぶつかったとき，アメリカやヨーロッパでは謝るのが習慣であるが，日本ではそうとはいいがたい．お互い様なのでとりたてて謝らないというのが日本人の多くの習性だと想像するが，多民族国家は相手がどんな人かわからないのでとりあえず謝っておくという国民性が反映されていると考える．

それらは視線が合ったとき，またエレベータに乗るときなども同様である．西洋ではあらゆる場面で他人同士の挨拶が多い．これらもいち早く互いの不安を取り除くための一瞬の他民族国家の独自なコミュニケーションであるといえないか．

● 有言のルール

近年，そのルールが模索されている対象がある．携帯電話である．まだ希少価値であった頃には，わざわざ往来の中で立ち止まってかけることにより携帯

電話の所有者であることを誇示し，公共の車中では大声であったり，視線の置きどころに迷っている風であったが，その後JRではデッキ部に使用を限定し，マナーモードを指導または完全に禁止する例，優先席周辺のみで切るようにアナウンスする例も現れた．

　また，地区限定のルールもある．たとえば，各地の地下街には左側通行もあれば右側通行，さらに散策的に歩かせているケースもある．札幌の地下街は左側通行であるが，地下街が完成した1970年代に左側通行をアナウンスしていたのが，現在に継承されている．当初から通行量が多く，散策的にさせると混雑してしまうので交通整理の必要性が生じ，地下街を利用する市民に認識されるに至ったということである．これは道路上の交通規則の出来方に似ている．

　次にエスカレータの例である．福祉環境の充実が叫ばれるなか，公共の空間では飛躍的な早さでエスカレータが設置されることになった．それに伴って急がない人は左側に寄ってエスカレータを歩いて昇る人のために通路を空けるというルールが確立するようになってきた（関西では急がない人が右に寄る）．ルールが形成する過程において地下街と同様にJRの各所や横浜のMM 21の動く歩道でも左に寄るようアナウンスされており，それが利用者の記憶に徐々にプリントされるにつれ暗黙のルールとなる．エスカレータのルールはイギリスで以前から一般化しており（関西と同様），それを模範としていると考えられる．イギリスはあらゆる社会作法の発明者なのである．

●並ぶときの流儀

　人は往々にして列をなし，集団で待つということをする．バスやタクシーの乗り場，バーゲン会場，映画館，開店前のパチンコ屋など．それらを観察すると，並び方にいくつかのパターンがある．

① 散開型（烏合の衆）

　乗り物の席が十分に空いているとわかっており，列をつくる理由がない場合に乗り込む順番は意味がなくなり，待つ人々は停留所の近傍を取り巻くように散開し，乗り物が着くと急ぐこともなく乗り込む．

② 一方向凝集型（パニック連結型）

　入口の間口がある程度広く，入る順番を確定することが困難な場合には，複

数の列や凝集型の列を形成させ，いざ開いたときに我先に入ろうとする行為に及ぶ傾向がある．エレベータ，電車の入口，デパートやパチンコ屋の入口等である．

また，映画館などで中に十分に空席があるにもかかわらず並んでいる通路が混雑すればするほど，開場に際して我を争って入ろうとするようなパニック状態が起きやすくなる．電車などでもベルやアナウンスで早く入るように強要されるので，軽度な脅迫概念が生じパニック状態を引き起こす．この脅迫概念とパニック行為との関連性を意識することにより，災害の避難時のパニックを和らげるような計画論へと発展可能だろう．

③ 順列提示型（並び方の定番）

路線バスや路面電車，銀行の自動引出し機，切符売り場などは，各人が料金払い操作をするので，つくられる列は順番を示す必要がある．これに対し空席が多いことがわかっている際には順番は意味がなくなるので，列を必要としない．横浜の中華街では客が店の前に列をなすことでそれが看板となる特異ケースである（図4.22）．

並ぶ行為は順番を示すのに自らの体を行使することである．その行為を省くには，整理券や予約などが発明され，並ぶバイトやダフ屋という職業まで登場させる．並ぶ行為もインターネットや携帯電話などで急速に消滅し変形しつつあり，空間の計画すらも変化させる．これはディズニーランドにも反映されている．当初のものでは並ぶ空間や時間を計画するという考えが主であったが，

図4.22 待たせる姿を看板にしている図

ディズニーシーに至っては園内でツアーを組むことにより,「待ち行為」はビジネスの対象となり,違う次元へと変換されたのである.

4) 路上パフォーマンス学

路上での演技を商売にする者も後を絶たない.古くは江戸時代に無数にあった路上屋台,バナナの叩き売りやガマの油売り,近代では実演販売やキャッチセールス.その話術や商法は古典の流れを継ぐものも少なくない.図4.23は路上で見られるパフォーマンス商売の1つであるが,観客を決めこんだ横のサクラが人形の操作を行いつつ,パフォーマーは巧みな話術で人形に指示を与え,人形はまるで自分の意志で動いているように振る舞う.

パフォーマンス商売の特徴は,半ば騙されているはずだと思いつつ,それでも買って確かめたいという欲求を利用し,かつ他人が買うのにつられてまた買う習性をも利用する「催眠商法」である.詐欺と紙一重であるが,仕組みがわかっている人には他人が騙されるのを見るのは快感なのである.

また路上パフォーマーでは料金箱が用意されるが,そのときの観客の間合いの取り方には「操作」が伴う.お金を払わずに通り過ぎようとする観客は一定距離を置こうとするので,演技者は客に指示を出し徐々に前に詰めさせ,最後に料金を徴集する.間合いがなくなった観客達は観念して払うことになってしまう.むしろ,好んで騙されているようにも見える.

図4.23 **動く人形を売る** うしろの外国人が客のふりをして操っている

●パフォーマンスの中のパフォーマンス

　字幕スーパーなしの映画を見ている場面．これは，美術館で映像を見ている群集で観察された．大きくうなずき，あえて声を上げて笑うのである．それが日本語であったとき笑えない場面だとしても．これは，自分が英語を理解して楽しめることをアピールしているのだと想像される．また，路上での音楽演奏を取り囲む群集にも同様に腕組をしながらリズムを取ったり，踊り出すなど，同様な表現が見受けられる．

　はたして自分1人で鑑賞しているときには同様な行為を起こすであろうか．
　この答は他の例から明確に想像ができる．野球やサッカーなどの応援で，1人の場合と仲間と来ている場合とでは後者の方が圧倒的に応援をする．典型的な例は数人の外国人が日本の野球場の最後列で観戦しているシーンであった．英語で応援し野次を飛ばしていたが，周辺の日本人には理解できないばかりか距離が遠いので明らかに野球選手には届かない．つまり仲間同士にしか理解できない内容であり，応援は自己表現のひとつなのである．人は1人の場合には行わないことを集団の中でする．それらは自己表現と考えてよいだろう．

●大衆の路上パフォーマンス

　路上は公共の空間である．そこを歩くことは，人の視線に自分をさらすことでもある．であるから，化粧もするし着物も整えて出ていく．前述のパフォーマンスの中のパフォーマンス，携帯電話，大衆全部がパフォーマーであったことに気づかされる．男性は女性の前で男らしく，逆に女性は男性の前で女性らしく，一家の主人は家族の前ではそれらしく．そうでない者は「挙動不審」な人物として人の目に映ってしまうほど，路上での行為は自己を表現してしまっている．私達はこういった他人を意識した記号的（型にはまった）・表現的な行為を無意識に演じる動物なのであった．

5) 人はなぜ，（中心）商店街へ出かけるのか

　人は多くの場合，家を出るときに人と会うからとか，買物という理由をあげるが，本当にそうだろうか．人と会うにはわざわざ中心街へ行かなくとも済

む場合が多いし，買物といいながらウィンドウショッピングのみで帰ってくる場合も多い．

　結論を言うと，人をコミュニケートし，人混みに混ざり，人を観察に行くのが楽しいのである．人の多いレストランと閑散なレストランでの会話のはずみ方を比べれば自ずと理解できる．道行く人の視線を観察することにより，人をどれほど観察しているか，そして反面観察されているかがわかる．中心街に行く時は普段着よりいいものを身に着け，または念入りに化粧をする．それは観察される対象となることをよく心得ていることにほかならない．

　海水浴の海岸ではより顕著である．どんなに大きな砂浜であっても，とくに人数が多い場合は，限られた場所に固まって「ムレ」をつくるケースが多い．広い砂浜でポツリと泳ぐよりも，人混みが好きなのである．つまり人を観察し観察されるのが好きなのである．

● 路上のコミュニケーション

　勤務者は勤務先で他の人とのコミュニケーションがとれる．しかし，主婦は家事で忙しいのでコミュニケーションをなんとか家の周辺でとろうとする欲求が高まる．

　住宅地近傍の路線商店街では，常連客の利用が多く立ち話が発生する．立ち話の立地性を調べると，集中して生じるポイントがあることに気づかされる．路上で偶然出会うポイント，これには立地性がないように思われるが，スーパーマーケットの前が最も多い．これは頻度の側面から説明がつく．次に玩具屋の前が多い．子供を介して知り合いでなくとも会話が発生するからである．また，商店街から外れた道の角や橋のたもとでの立ち話が多い．これは別れ際の会話のためである．街路の断面上で眺めたときには道路脇や商店と商店との間が多い．これに関しては前述した（**図 4.24**）．

　以上は商業地の顧客同士のコミュニケーションについてであった．しかし，商業空間でのコミュニケーションは売り手と買い手間での頻度がはるかに多い．対象としていた路線商店街では，むしろスーパーマーケットが潰れ路線商店が発展している地域であった．買物の目的は路上コミュニケーションであることを証明してくれていた．

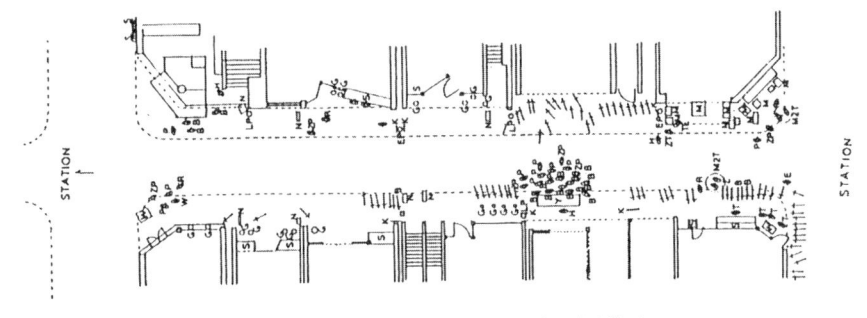

図 4.24　商店街上停止行為・あふれ出し発生箇所

G：植物　　　　　　B：買う　　　　　　F：中年女性
LP：電灯　　　　　　T：触る　　　　　　M：中年男性
EP：電柱　　　　　　W：人待ち　　　　　S：学生
K：看板　　　　　　E：店に入る　　　　O：老人
S：ショーウィンドウ　P：止まって通り過ぎる　K：子供
N：店名
W：ワゴン
R：棚
M：商品

　住宅地の商店街に対して都心の商業地区には，知合い同士で出かけまたは，待ち合わせるなど，外からコミュニケーション単位がもち込まれる．

　海外の事例では，イタリアのシエナでは夕方の時間になると路上に住人が溢れだし互いにコミュニケーションをとるが，ある時間になるとまちはまた静かになる．イギリスではバーに寄り集まる．かつて日本にも商店街の他に，町内会や近所の人が集まるという習慣や場所がそこいらにあった．

　人は自分から働きかけ，相手がそれに応じるというコミュニケーションを常に繰り返しながら，自分を確認し続ける必要がある生き物ではないかと思い当たる．

　また，コミュニケーションは情報の伝達であると拡大解釈するならば，商店のサインや店先のしつらえも一方的な伝達であるが，コミュニケーションの一種であると考えられる．そうするならば，ウィンドウショッピングはまちなみから情報を読み取るというコミュニケーションを楽しんでいる行為であり，それゆえに，ひとりでも楽しめるのである．

6) 買わせる「しかけ」

　売り手は通り過ぎる大衆に店に立ち寄らせ，なんとか買わせようと働きかける．視覚，嗅覚，聴覚は基本であるが，たとえば店先に安い商品を入れたワゴンで目を引き店の中に誘導する，試食コーナーを設けて呼びかける，商品を多量に並べ音楽と呼び込みで早く買わねばという雰囲気を作り出すものもある．デパートやスーパーマーケットは，それらの相乗効果を狙ったまさに買わせる「しかけ」の複合体といえる．ドリンクの自動販売機は，中にあるターレットの数以上に同じ缶をディスプレイしているのをご存知だろうか．これは，商品が多く並んでいると売上げがあがるという事実に基づいた「しかけ」の好例である．

　売り手の方から顧客を選択するようなケースもある．たとえばハードロックに特化した商品を売る店や高級ブランド品などである．そのような店はどこが特化しているかを示す記号がどこかに発せられており，買い手がそれを解釈し選択する，しかしその実 選択されているという関係が成立している．

　特殊な価値を理解できる感性をくすぐり，自分がわかるという快感に代価が支払われる．こういった売り手と買い手との関係は，値段があるようでない骨董屋風でもあり，常に互いを評価することによって成り立つ師匠と弟子との関係のようでもある．商品を介在とした人間関係はバラエティに富んでいる．大量生産品を一般的な価値観に照らして一方的に値づけする関係と対極にある．

b.　商業空間の特性と発生学

　商業地は絶え間ない人の訪問によって成り立っており，人が集まりやすい場所や多くの人が通過する場所に発達し，そこに発達した商業地がまた別の人を呼び寄せる力をもつ．もっと都市的な視野から商業地を眺めてみよう．

●商店街を支える人種と数によって発生行動は違ってくる

　利用者の違いによって，商業地をおおざっぱに分類するならば，住宅地の駅周辺の日用生活の商店が立ち並ぶ商店街，都心のオフィス街に立地するデパート街，夜間に活発な歓楽街，かつての宿場まちなどに発達した道路沿いの路線商店街等である．

4.3 都市商業スペース

　住宅地内の商店街とその他では，周辺に住んでいるかまたは外来者かという属性に差があり，自ずと発生する人間行動も違ってくる．つまり，一方では観察されないことが，一方で頻発するようなことが起こる．

　不特定多数が多い地域では「よそもの相手」の商業が発生する．たとえばキャッチセールスなどの詐欺まがいの商業行為（図 4.25），そして「よそもの」は知人に見られないということを前提とした非日常的な行為に及ぶこともある．図 4.26 は後者の例で，通常では往来の邪魔にならない道ばたで発生するような行為であるが，あえて往来の中央に留まって行為を発生させている．これは往来を観客に見立てた自己アピールをする「パフォーマンス」と定義づけられるだろう．人はまちに人を見に出かけるとともに自分を見せに出かけるのである．

　同じ商業空間であっても，時間や曜日によっても路上空間を利用する属性が異なる．

　属性が異なると，行動パターンも違ってくる．住宅地内の商店街の例を挙げると，朝は通勤者が駅に向かう歩行空間としての利用が主となり，通勤者相手にモーニングサービスを提供する喫茶店や，新聞類を売る駅のキオスク，朝食の材料となる豆腐屋や自家製パン屋などが開店する．

　朝 10 時を過ぎると，主人を送りだした主婦が食材を仕入れに動き出すので

図 4.25　路上で不正テレホンカードを売る外国人

図 4.26　往来の中央で携帯パフォーマンス

いっせいに開店し，大体夜の7時くらいで閉店する．その時間には主婦同士の立ち話が発生する．そして，週末には，買物を付き合う主人や子供が路上で休んだり主婦の買物を待っている姿が見られるようになる．

夕方は，帰宅する人で路上はあふれ，学生や独り暮らし相手のレストランなどが応戦する．共働きや夜遅い帰宅者の増加は，夜遅くまで開店するスーパーやコンビニを誘発させる．そして8時を回ると飲み屋が開店し，人は路上で寝，声を上げ喧嘩もする．

これらの様子は日本中どこでもあまり変わらない．それは日常生活の行動形式に変わりなく，それに連動発生する商業の形式が日本中共通であることの現れである．

●商業地のファッション化

ファッション化とは，一般に洋服やレストランなどの非日用品の商業の比率が上がると同時に，地域の居住地域外からの利用者が多い状態をいうのではないか．すべての駅がファッション化することはなく，ある特定の駅だけがそうなる．その理由は，ファッション化が進行している駅周辺の空間的構成，施設的構成，または歴史性などを見るとわかってくる．

結局，ファッション化の最も重要な要因は，街路の「迷路性」であり，直線的に発達している商店街はファッション化しにくい．東京と横浜を結ぶ東急東横線でファッション化している駅を挙げるとするならば，代官山，自由が丘，日吉などで，それらは街路や地形に変化があり，街路は迷いやすい構成である．訪れる外来者はまちを探索しながら迷い，何かを発見することに喜びを見出す，そして新たな発見を求めて何度も訪れるのである．このような路上空間では，迷っている行為が頻繁に観察される．これは「とりあえず」次に進む道を決めかねている場合と，目的地がありながら迷っているかのどちらかであるが，こういった行為はファッション化していない直線的な商店街ではほとんど観察されないのである．

言い換えれば，人間の「冒険好きな性癖」がまちをつくっている例である．

商業地の人の行動は脈々と営まれ，時代とともに変容してきたに違いない．

江戸時代ではどうであったろうか．そしていま携帯電話がパフォーマンスの1つとなっているのに対して，ある時代ではサングラスと煙草，ダッコチャン，ミニスカ，ロンゲ，ガングロウ，チャパツと若者パフォーマンスの「小道具」は移り変わってきた．

しかし，人の中に混じり孤独感を刹那的に紛らわし，コミュニケートし，そしてパフォーマンスする場であったことはいつの時代でも商業地で共通ではなかったか．

通行人は，パーソナルな存在に思えるが，実は他の人々を抜きにしてはその通行すらも生じさせないという相互依存的・同時存在的な関係をもったパブリックな存在なのである．そうさせているのが，人々の広義なコミュニケーション行為に他ならない．

では，こういったコミュニケーションは何のために？　と考えると，人が形成する環境の中で自分の「居場所」を探す根源的な行為ではなかったか．たとえば，子どもは親の前ではよく遊び，同時に自分の存在をアピールする．その延長上に位置しているように思えるのである．

前段に，路上の行為はまちの「魅力」であり，「財産」であると述べた．商店街では，親子三代の共同生活がめんめんと営まれてきた．そこでは親が孫の面倒を見てくれるので子どもを生みやすく，その代わり親の世話もする．そこでは少子化，老後の不安も縁遠く，お金を貯める必要がないので，思い切って使う．日本の保育，教育，文化，歴史，福祉などは，まぎれもなく商店街を核とした社会生活がその責を負ってきたのであった．

ここ十数年で，まちは大型店舗同士の激戦地と化し，周辺の商店街は全滅するのを目のあたりに見てきた．経済指標は以前よりも高いが，まちの活気は失せ，路上で高齢者の笑い声や会話も聞くことはなくなった．

すべてを生み出す介在になっていた，まちなかの路上コミュニケーション．私達は大切なまちの「魅力」と「財産」をやすやすと，大店舗という「合理性」と「利便性」に交換してしまったのである．

原因は，前述した大型店舗のみではない．各人が利便性と合理性を求める精神構造が，良きものを見殺しにしてきたのである．まちは各人の集合体でできるのであるから，各人が，自分を修正することによってしか改善されないので

ある．

　コミュニケーションと商店街は互いがつくったと言ったつもりである．しかし大店舗はコミュニケーションをつくらず，コミュニケーションも大店舗をつくらない．そこに「まちづくり」における「活性化」の本質が潜んでいる．

[渡辺　治]

参 考 文 献

1) Goldfeld, Abraham : Toward Fuller Living Through Public Housing and Leisure Time Activities, New York (1934)
2) Appleyard, D. and Lintell, M. : The Environmental Quality of City Streets, *Journal of the American Institute of Planners*, *JAIP*, 38(2), (1972)
3) Stanford, Anderson : on Streets, MIT Press (1986)
4) Raymond, Curran J. : Architecture Urban Experience, Van Nostrand Reinhold Company, Inc. (1983)
5) Jan, Gehl : Life Between Buildings, Using Public Space, Van Nostrand Reinhold Company (1980)
6) Fritz, Steele : The Sense of Place, CBI Publishing Company, Inc. (1981)
7) Anne, Moudon Vernes : Public Streets for Public Use, Van Nostrand Reinhold Company (1987)

4.4 子どもの遊び環境と住環境

近年，少子化問題が深刻化し，子どもを取り巻く環境が変貌している．とりわけ子育て環境の観点からは，地域社会が担う役割への注目が高まり，多くの自治体で様々な対策を講じ，地域の住環境に応じた子育て環境づくりが求められている．しかしながら，子ども達は以前から地域を遊び場とし，住環境の特性を活かした遊び環境を構築していた．そこで1990年代に実施した調査結果をもとに，子ども達の積極的な地域環境との関わり方という視点から，既成市街地と団地の住環境を比較する．市街地として東京都文京区根津を，団地として東京都練馬区光が丘パークタウンを例に，主に小学生児童の遊び行動環境を形成する要素について考察したい．

a. 根　津
1) 概　要

本郷台地と上野台地に挟まれた谷地に位置し，江戸時代に建立された根津権現の門前町として栄えた根津は，明治以降から市街地化が進み，関東大震災と戦災からも免れ，今もなお当時の面影を残す高密な木造低層住宅地である（図4.27）．現在では，町を南北に横切る不忍通り沿いに高層マンションが建ち並

図 4.27　根津の路地

び，町の姿は徐々に変わりつつある．小学校は改築時に地域施設の充実を図り，児童施設，高齢者施設，図書コーナーを複合させている．公園などのオープンスペースは，根津の町割に合わせた小規模な児童遊園のみが設置されているが，路地や神社境内，小学校校庭などのほか，地域に隣接する東京大学の構内や上野界隈なども遊び場として利用している．

2) 遊び場

　低学年の場合，車から安全な場所を遊び場とする傾向があり，家の前や路地では道具遊び（なわとび，バドミントンなど）やボール遊び（キャッチボールなど）をし，近くの公園で遊具遊び（ブランコ，すべり台など）をしている．児童遊園の名称は旧町名に由来しているが，一般的な通称は児童遊園ごとに特徴的な遊具のデザインモチーフである動物に由来している．たとえば，小学校前の児童遊園は，亀を象った砂場があることから「かめ公園」と呼ばれている（図 4.28）．

　高学年になると，学区外の東京大学の構内や上野界隈をも遊び場として開拓し，身近な道や施設と小規模な児童遊園，神社境内や大学構内，駐車場などの多種多様なオープンスペースを活かしながら，遊び環境を構築している．網の目のような細かな路地が，遊び場を点や線から面的に広げ，ネットワーク化しているのである．

図 4.28　かめ公園

3) 遊び行動

　低学年では，道具遊び，ボール遊び，遊具遊び，移動遊び（ローラースケート，一輪車など）を中心とした，少人数で遊べる行動が主流である．学年が上がるにつれ，スポーツ遊び（野球，サッカーなど）や，場所の物理的特性を活かす遊びが選択肢に加わっていく．さらに高学年になると，おしゃべりを遊び行動として捉えるようになる．遊び行動の目的として，具体的な行動の楽しさへの満足に加え，仲間と時間を共有する楽しみを求めていく．親密な関係の仲間との時間を共有するためには，自分達にとって遊びの展開を安定させる必要が生じる．それゆえ子ども達は，長居できる場所，仲間との関係が地域から独立できる場所を求めるようになる．

b. 光が丘パークタウン
1) 概　要

　光が丘パークタウンは，21世紀のモデル都市を目指して建設されたニュータウンである．地元をはじめ，東京都，住宅・都市整備公団（現都市再生機構），東京都住宅供給公社により事業が進められた．総敷地面積は約186ヘクタール，総住宅戸数は12,000戸である．

　戦時中，もとは大根畑だった土地に旧陸軍の飛行場を建設，戦後は米軍家族の住宅（グランドハイツ）として接収されたが，周辺が宅地化された昭和40年代初めに返還の交渉が進められ，昭和48（1973）年に米軍から全面返還さ

図4.29　光が丘パークタウン

れた．昭和52年に公園を要望する地元の声に応えて都立光が丘公園が開園，昭和54年には光が丘公園以外の都市計画が決定した．主な土地利用は住宅44％，公園33％，道路11％，学校12％となっている．昭和56年に住宅建設が始まり，昭和58年には住民の入居が開始した．平成3（1991）年に地下鉄が一部開通し光が丘駅が開業，光が丘パークタウンとして完成した（図4.29）．

2） 遊 び 場

　人工地盤による歩車道分離によって安全性が確保されているため，子どもの行動圏は幼いうちから広域となるが，車道を越える住区へとは広がりにくく，行動圏の規模には学年差があまりみられない．ある程度限定された領域の中で，身近な住棟周辺と公園からまず遊び場を獲得していき，状況に合わせて使い分けながら，遊び行動が厳選される中心的な遊び場に集中する傾向がみられる．地域内で子どもの遊び場として認知されている場所に関し共通認識された情報に基づいて，児童達の遊び環境が構築されている．

　とくに都立光が丘公園には休日に家族と行くケースが多く，ライフスタイルの一つとして定着している．高学年の男子は，休日にキャッチボールやバドミントンなどの対面する遊びを通じて，父親とのコミュニケーションを深めている．平日では，仲間だけの空間を求めて公園内にある秘密の場所で過ごす高学年児童もみられた．

3） 遊 び 行 動

　低学年から遊び場にあるアスレチックなどの遊具の特性を活かし，基本的な遊び方にゲーム性を加え，鬼遊びなどへとアレンジしていく傾向が強い（図4.30）．中学年では洗練された遊びに集中し，男女の性別によって明らかな遊び行動の違いがみられる．男子は野球，サッカーなどの球技でチーム対抗を楽しむ一方，女子はローラースケートや鬼遊びで仲間との一体感を楽しんでいる．

　高学年では，基本単位となる4,5人程度の遊び仲間が数組，子ども達の溜まり場に集まり大規模な遊びを展開する．しかしながら，人数不足や場所が確保できない場合は，親密な仲間の基本単位に戻り，遊び行動も変わってくる．と

図 4.30　公園内のアスレチック遊具

くに女子児童はおしゃべりしながら時を過ごすようになり，仲間だけの空間が確保できる場を求めるようになる．

c. 遊び場を構成する要素

　住環境の構造や景観が異なる既成市街地と団地だが，大まかな遊び行動の好みは概ね一致している．低学年では，道具遊び，鬼遊び，遊具遊び，ボール遊びが好まれ，徐々に男女の性別による好みの違いが明確となる．男子はボール遊びを球技に発展させ，遊びの本格化を目指す．一方女子はおしゃべりが遊びとして好まれ，仲間意識を共有する時間づくりへと遊びの目的が変容していく．このような子どもの遊び環境において共通にみられる現象は，子ども達が場所に埋め込まれている遊びの資源をうまく引き出しながら，各々の住環境に適応させていることである．とりわけ低学年の遊び環境は，車の通行から保護される物理的な安全性と，大人達から見守られている心理的な安心感の2要素によって成立している．

1) 物理的要素
●安全性
　安全性とは，子どもを様々な危険から守る物理的要素である．子どもにとって最大危険因子となる車の通行から守られている道空間，幼い子どもでも危険にさらされることなく遊べる公園は，安全性を重視して成立する遊び場であ

る.安全性は保護する立場にある大人達からみた子ども像にとって最良の遊び場の資源であり,親の付き添いから離れ独り立ちを始める子どもの遊び環境を支える要素である.光が丘パークタウンにみられる歩車道分離は,地域全体の安全性を確保し,遊び環境を構築する基盤として機能している.人工地盤によって地域内に点在する公園などの遊び場を連結させることで,地域空間を明解にイメージ化すると同時に,遊び環境の構造を単純化する働きも担っている.一方根津では,道幅が狭く車両通行がほとんどない路地空間が,安全性の高い身近な遊び場として機能し,往来する地域住民の多くの目が行き届くことで,防犯性をも確保している.地域各所に点在するヒューマンスケールの空間が地域全体の安全性を支えている.

●遊び行為のアレンジ

　子どもに自主性が芽生えると積極的に場と関わる行動が生じ,場所や遊具の特性を活かしたアレンジを遊び自体に加え特殊化する.団地では多種多様に設置された特殊な場に対するアレンジを施しやすく,アスレチック遊具にゲーム性を加えた鬼遊びなどを創作する.完成された団地の物理的要素には子ども達が自ら手を加えることができないため,舗装の仕上げやデザイン,車止めや手摺など,なにげない仕掛けを巧みに遊びの中へと取り込んでいる(図 4.31).

図 4.31　住棟前の車止め

4.4 子どもの遊び環境と住環境　153

●場の見立て

　遊び行為にふさわしい場所を選択することによって，空間を使いこなしていく．平面形状や設置物はもちろんのこと，空間を立体的に把握したヴォリュームを考慮する．とくにボール遊びでは球技が成立する条件で空間を見立て，遊び場を獲得している．たとえば，野球では内野のダイヤモンド（図4.32）が，サッカーではゴールが見立てられる場所（図4.33）を選択し，遊び環境を構築している．既成市街地では地面に直接書くことでフィールドを作成できるが，団地では舗装のデザインやすでにできあがった場の特性を活かして遊び空間を形成する（図4.34）．

図4.32　根津神社境内　　　　　図4.33　住棟前の広場

図4.34　住棟前での中当て遊び

●多様な行動展開

　目的意識が明確でなくても，そこに行けばある程度の時間が豊富な遊び手法で楽しめることが保証されている，つまり多様な遊び行動展開ができる場所は，安心して子ども達の場として獲得され，遊び環境に安らぎを与えている．校庭に代表される，様々な形態の遊具と広いフィールドがバランスよく配置されている空間，そして運動だけでなく工作や読書などの静的な行動にも展開できる児童館がその機能を果たしている．

2)　心理的要素
●安心感

　安心感とは，地域や大人達からの保護によって子ども達が得ている心理的影響である．子ども達を保護し管理する大人達や地域の存在を子ども自身はまだ意識せず，子どもの場所と認識されている環境の中にいることが重要となる．安心感には，子ども達を取り巻くコミュニティ構造が影響する．

　根津のコミュニティは，自宅周辺を中心に全体的な構造をもち，子どもの領域とほぼ一致することにより，広い範囲で安心感が得られる．永年の暮らしで培われた路地単位や町会単位の地域構造も，子ども達に安心感を与えている．声をかけてくる地域の大人達や商店の人々とのふれあいが多いことも特徴である．一方，光が丘パークタウンのコミュニティは，自宅から住棟・住区・学区・光が丘パークタウン全体という多層構造であるが，実際はその一部分がコミュニティとして機能しているため，子どもの領域には匿名性の高い公共的な空間も含まれる．したがって，子どもに安心感を与える領域が限定されるため，場を形成する要素は，必然的に安心感よりも安全性に偏る結果となっている．

●定位性

　定位しやすさの条件は，公園や広場のような公共性が高く自由な場所と，自分がそこに定位することを客観的に説明できる場所である．

　根津では，遊び場に限らず，子どもに安心感をもたらす場所が面する道端をきっかけに定位する傾向が強い．駄菓子屋の前，小学校校門の前，児童遊園の

図 4.35　駄菓子屋の店先

図 4.36　学童クラブ前の広場

前など，地域全体が子どもの場所と共通認識している特性を拠り所にしていることが伺える（図 4.35）．

　光が丘パークタウンでは，車からの安全性が確保されている場所を基準に遊び場を探すが，住棟周辺では，自宅はもとより友達の家，学童クラブの前のように，自己と関連づけられる空間には親しみを感じ，安心感を得て定位していることがわかる（図 4.36）．

●仲間と地域の関係性

　子ども像により得られている安心感に包まれた子ども達だけの世界から，子

ども像を作り出す他者（大人達）の存在に気づき意識するようになると，心理的環境からみた他者との関係を様々な方法でコントロールしながら遊び環境を形成している．

たとえば，根津では駄菓子屋や児童遊園周辺で人通りを意識する場所に位置取り，地域に対し自己存在をアピールする行動環境を形成する（図 4.37）．一方では秘密の場所をもつ感覚で，地域からの隠れ場を確保する居場所もある．光が丘公園では，親密な仲間が樹木の中に籠もり，隠れ家的な居場所を形成する（図 4.38）．外から一見してもわかりにくい空間要素が，子ども達にとって最大の魅力となる．人通りに面するよりも，他者との関係を絶ち自然の中に身

図 4.37　駄菓子屋の前

図 4.38　光が丘公園内の樹木

を置くことで，自らの存在を確認し，居場所を確保する．場を定めるだけでなく，自転車で町の中を動きながら，地域とは異なる次元の空間を形成する方法や，都市生活の基本ともいえる匿名性を求めるために地域から離れる方法もある．根津の高学年児童は上野界隈に出掛けるが，こうして匿名性を求めることで，子ども達は個人対個人の関係を対等な関係にコントロールし，子ども像からの自立を果たす，すなわち地域から巣立つのである．このように従来の大人からみた子ども像と巣立った子ども像を使い分けながら，単なる遊び場に加え，居場所をもち，主体的に地域と関わる遊び環境を構築している．

d. 遊び環境の空間構造

子どもの遊び環境は，基本的に次の3つの空間要素によって成立している．まず，子ども像から得られ自分達の場所として共通認識されている，拠点となる場所である．次に，多様な行動展開を支え，ゲーム性のある遊びが楽しめる資源が埋め込まれている場所である．そして遊び場を安全に連結する移動空間である．居住環境の性質は，この基本的な空間要素の解釈，すなわち物理的な安全性と心理的な安心感の2要素に基づく場の形成によって明らかとなる．

既成市街地では安全性を保証しにくいが，永年の暮らしで培われた近隣社会からもたらされる帰属意識によって得られる安心感を維持し，相互補完的な遊び環境を構築している．物理的環境要素を拠り所に遊び場を選択し，自立して匿名性を得るだけでなく，多くの手法で社会と個人をコントロールしている．

一方団地では，歩車道分離による安全性を軸にした居住環境構造である．子どもを取り巻く近隣社会が多層的でわかりにくく，子どもの立場，帰属意識があいまいになっている．したがって家族とりわけ父親との遊びが，子どもに安心感を与える重要な要素となる．匿名性が高い空間と日常的に接していることで，自分を取り巻く社会を意識せずに個人に対する関心が高まる．関係づける方法が限定されるがゆえに，他者と自己をコントロールするよりも，自分達の場を形成することが重要なのである．

住環境は変わり続けるものである．既成市街地では建物の建替えや空地化，道路拡幅などで常に住環境が変化している．根津地区も十数年ぶりに訪ねると

図 4.39　現在の根津小学校前

図 4.40　現在のかめ公園

調査当時に比べ高層マンションが増加し，小学校前の環境も一変していた（図4.39，4.40）．小学校の目の前にあった児童遊園に保育園を併設したマンションが建ち，児童遊園は一本裏の路地に面する位置に移動していたが，小学校前から細い路地でアクセス可能な状況を維持し，新たなかめ公園として生き続けていることを確認した．亀の形状をした砂場を設置してあるだけではなく，かめ公園を大事に思う大人達から子ども達へのメッセージが掲示されていた．遊び内容や遊び環境における機能面では変化したと思われるが，大人達に見守られている安心感のある場所としての機能を強化していたのである．子どもの遊び環境において重要な拠点として機能していた児童遊園を，地域の大人達が守り維持している現象は，今後の子育て環境を考える上で大切な手がかりとなりうるであろう．

［市岡綾子］

索　引

〔ア行〕

愛着　32
アクセシビリティ　124, 127
遊び環境　147, 151, 157
遊び行動　149, 150
遊び場　147, 150
アフォーダンス　74
アンケート　77

居方　7, 121
維持管理　57
意図遂行型モデル　126
意味　34
意味づけ　88
医療施設　80
インタビュー　115
インフラストラクチャー　49

ウィンドウショッピング　141
運動能力　41

おしゃべり　74
オープンスペース　64, 68, 75, 148
オープンプラン　77
オープンプランスクール　65

〔カ行〕

ガイドライン　55, 57
買物　99, 106, 116
過庁　23
学校環境　64

活動的生活　35
過道　23
カン　27
環境移行　33, 84
環境形成　61
環境行動支援　45
環境探索型モデル　126
環境への働きかけ　90
患者　81
患者役割　88
患者役割行動　85, 87
観照生活　35
観賞対象　40
完全個室型　36
管理された（されない）情報　85, 88

記憶　41
危機的移行　33
既成市街地　115
客庁　23
居住者組合　57
許容性　124, 125, 127
近隣住区　15

空間構成　65
クラスルーム　64, 69
クルドサック　53
グループディスカッション　70

景色　34
ゲシュタルト心理学　11
建築環境心理　2

索 引

建築協定　56
建築設計者　12
建築人間工学　2

コアハウジング　47, 50
コアハウス　52
行為対象　37
公共空間　134
公私分離　20
校舎群　70
行動　2, 34
行動環境　114, 126
行動観察調査　75
行動主義的モデル　11
行動特性　15
行動場面調査　20
行動領域　102
高齢者　98, 110, 145
高齢者施設　4
子供の行動　64
コーナー　68
コミュニケーション　118, 140
コミュニティ構造　154
コントロール　91, 93
コンバージョン　48

〔サ行〕

座　26
再体制化　89
サイトアンドサービス　49, 50
サウンドスケープデザイン　12
参加者　121
参加すること　122
散歩　99, 106, 116

時間の規定性　120
施設計画　127
下町　114

社会的関係　119, 122
社会福祉住宅　52
住環境運営　61
集合住宅地　115
就寝室　26
住宅地　143
住宅融資　51, 61
自由度　120
収納用品　39
住様式　22
主ゾーン　30
商業空間　142
状況対応的　117
昇降口　69
小康住宅　20
商店街　132, 134, 139
食事　20
食寝分離　20
自力建設　49, 50
寝台　26
身体機能　99
身体の運動能力　41

スターターハウス　52
住みこなし　57
スラムクリアランス　48, 50
スラム・スクォッター地区　48

生活の質　42
生活の場　64
接客　21
セルフヘルプ　50
選択性　115, 125, 127
専有化　32

増築　52, 56, 58

索引　**161**

〔タ行〕

滞在姿勢　132
対人行動　104
体力　41
ターナー，ジョン　49
多目的スペース　71
多目的ホール　67
団地　114

地域環境の質　114
地域計画　127
地域計画論　4
地域の選択性　115
庁　20

通院　98, 99, 106
机　68

テラスハウス　48, 52

特別養護老人ホーム　36
匿名（性，的）　86, 87, 89
隣近所　15
トランザクショナリズム　16

〔ナ行〕

なわばり学　134

二人称的関係　123
人間-環境関係　13
人間-環境のシステム　127
人間行動　130
認知症　43, 97
認知心理学　11

〔ハ行〕

場　119

──のアクセシビリティ　124
──の許容性　119
──のタイプ　122
生活の──　64
パブリックな──　64
プライベートな──　64
They の，You の，We の──　122, 123
パブリックスペース　8

ヒューマンファクター　3

ファッション化　144
福祉環境　136
副ゾーン　30
プライバシー　22, 85, 87
プライベートな場　64
フリーダムトゥビルド　50

別室就寝　24

ポイント　117
方庁　23
歩行経路選択　107

〔マ行〕

もの　34

〔ラ行〕

リアル
　──な空間　14
　──な現場　16
　──な生活実態　32

類型化　37
ルート　116

レイアウト　68

路上人間行動観察　130
路上パフォーマンス　138

〔欧文〕

action objects　36, 37
ADL　37
contemplation objects　36, 40

Csikszentmihalyi　35
Rochberg-Halton　35
Theyの場　122
vita activa（活動的生活）　35
vita contemplative（観照生活）　35
Weの場　122
Youの場　123

シリーズ〈人間と建築〉 2
環境と行動　　　　　　　　　定価はカバーに表示
2008 年 3 月 10 日　初版第 1 刷

編　者　高　橋　鷹　志
　　　　長　澤　　　泰
　　　　鈴　木　　　毅
発行者　朝　倉　邦　造
発行所　株式会社　朝　倉　書　店
　　　　東京都新宿区新小川町 6-29
　　　　郵 便 番 号　162-8707
　　　　電　話　03(3260)0141
　　　　FAX　03(3260)0180
　　　　http://www.asakura.co.jp

〈検印省略〉

ⓒ 2008〈無断複写・転載を禁ず〉　　　中央印刷・渡辺製本

ISBN 978-4-254-26852-2　C 3352　　Printed in Japan

前東大 髙橋鷹志・東大 長澤 泰・東大 西出和彦編 シリーズ〈人間と建築〉1 **環 境 と 空 間** 26851-5 C3352　　　　A 5 判 176頁 本体3800円	建築・街・地域という物理的構築環境をより人間的な視点から見直し、建築・住居系学科のみならず環境学部系の学生も対象とした新趣向を提示。〔内容〕人間と環境／人体のまわりのエコロジー（身体と座，空間知覚）／環境の知覚・認知・行動
前東大 髙橋鷹志・前東大 長澤 泰・新潟大 西村伸也編 シリーズ〈人間と建築〉3 **環 境 と デ ザ イ ン** 26853-9 C3352　　　　A 5 判 192頁 本体3400円	〔内容〕デザイン方法の中の環境行動（横山ゆりか・西村伸也・和田浩一）／環境デザインを支える仕組み（山田哲弥・鞆田茂・西村伸也・鈴木毅・田中康裕）／人と環境に広がるデザイン（横山俊祐・岩佐明彦・西村伸也・鈴木毅）
日本建築学会編 **人 間 環 境 学** ―よりよい環境デザインへ― 26011-3 C3052　　　　B 5 判 148頁 本体3900円	建築，住居，デザイン系学生を主対象とした新時代の好指針〔内容〕人間環境学とは／環境デザインにおける人間的要因／環境評価／感覚，記憶／行動が作る空間／子供と高齢者／住まう環境／働く環境／学ぶ環境／癒される環境／都市の景観
東大 西村幸夫編著 **ま ち づ く り 学** ―アイディアから実現までのプロセス― 26632-0 C3052　　　　B 5 判 128頁 本体2900円	単なる概念・事例の紹介ではなく、住民の視点に立ったモデルやプロセスを提示。〔内容〕まちづくりとは何か／枠組みと技法／まちづくり諸活動／まちづくり支援／公平性と透明性／行政・住民・専門家／マネジメント技法／サポートシステム
東大 神田 順・東大 佐藤宏之編 **東京の環境を考える** 26625-2 C3052　　　　A 5 判 232頁 本体3400円	大都市東京を題材に、社会学，人文学，建築学，都市工学，土木工学の各分野から物理的・文化的環境を考察。新しい「環境学」の構築を試みる。〔内容〕先史時代の生活／都市空間の認知／交通／音環境／地震と台風／東京湾／変化する建築／他
京大 森本幸裕・日文研 白幡洋三郎編 **環 境 デ ザ イ ン 学** ―ランドスケープの保全と創造― 18028-2 C3040　　　　B 5 判 228頁 本体5200円	地球環境時代のランドスケープ概論。造園学，緑地計画，環境アセスメント等，多分野の知見を一冊にまとめたスタンダードとなる教科書。〔内容〕緑地の環境デザイン／庭園の系譜／癒しのランドスケープ／自然環境の保全と利用／緑化技術／他
環境デザイン研究会編 **環境をデザインする** 26623-8 C3070　　　　B 5 判 208頁 本体5000円	より良い環境形成のためのデザイン。〔執筆者〕吉村元男／岩村和夫／竹原あき子／北原理雄／世古一穂／宮崎清／上山良子／杉山和雄／渡辺仁史／清水忠男／吉田紗栄子／村越愛策／面出薫／鳥越けい子／勝浦哲夫／仙田満／柘植喜治／武邑光裕
大野秀夫・久野 覚・堀越哲美・土川忠浩・松原斎樹・伊藤尚寛著 **快 適 環 境 の 科 学** 60010-0 C3077　　　　A 5 判 200頁 本体3200円	快適性を生理，心理，文化の各側面から分析し、21世紀に向け快適性はどのように追求されるべきかを示した。〔内容〕快適について／快適の生理心理／快適のデザイン／地球環境時代はポストアメニティか／地球環境時代に求められる快適性
東京成徳大 海保博之監修 早大 佐古順彦・武蔵野大 小西啓史編 朝倉心理学講座12 **環 境 心 理 学** 52672-1 C3311　　　　A 5 判 208頁 本体3400円	人間と環境の相互関係を考察する環境心理学の基本概念およびその射程を提示。〔内容〕〈総論：環境と人間〉起源と展望／環境認知／環境評価・美学／空間行動／生態学的心理学／〈各論〉自然環境／住環境／教育環境／職場環境／環境問題
早大 中島義明・東工大 大野隆造編 人間行動学講座 3 **す ま う**　―住行動の心理学― 52633-2 C3311　　　　A 5 判 264頁 本体4800円	行動心理学の立場から人間の基本行動である住行動を体系化。〔内容〕空間体験の諸相／小空間に住む／室内に住む（視・音・熱環境のアメニティ）／集まって住む／街に住む／コミュニティに住む／非日常的環境での行動／子供と高齢者／近未来

上記価格（税別）は 2008 年 2 月現在